Es kann jederzeit passieren, auch Ihnen: Man versucht, Sie abzuwerten. Sei es im Beruf, im Privatleben, in der Liebe, in puncto Aussehen oder Alter. Verständlich, dass Sie darauf verletzt, wütend oder deprimiert reagieren. Doch: Niemand kann Ihnen Ihren Wert nehmen, wenn Sie ihn nicht hergeben.

Dr. Eva Wlodarek, Psychologin und Psychotherapeutin, berät seit über 20 Jahren in ihrer Hamburger Praxis bei beruflichen und privaten Problemen. Sie ist Referentin und Trainerin für Persönlichkeitsentwicklung und Kommunikation. Ihre Ratgeber sind Bestseller (»Mich übersieht keiner mehr«, »Go! Mehr Selbstsicherheit gewinnen«). Als Expertin ist sie in den Medien gefragt, u. a. entwickelte sie für die ARD den »Großen Partnerschaftstest«, den sie neben Jörg Pilawa moderierte.
www.wlodarek.de

Unsere Adresse im Internet: www.fischerverlage.de

Eva Wlodarek
Weil du es dir wert bist

Sicherheit und Stärke gewinnen

Fischer Taschenbuch Verlag

Originalausgabe
Erschienen im Fischer Taschenbuch Verlag,
einem Unternehmen der S. Fischer Verlag GmbH,
Frankfurt am Main, Juni 2008

© S. Fischer Verlag GmbH, Frankfurt am Main 2008
Satz: ottomedien, Darmstadt
Druck und Bindung: Clausen & Bosse, Leck
Printed in Germany
ISBN 978-3-596-17685-4

Inhalt

Vorwort

Es war in Köln vor der Übertragung der Samstagabend-Live-Show »Der große Partnerschaftstest« in der ARD mit Jörg Pilawa. Als Autorin des Tests und Moderatorin war ich zum ersten Mal dabei. Drei Stunden hatte ich noch Zeit, dann würde mich das Taxi zu den Fernsehstudios abholen. Ich saß in meinem Hotelzimmer und spürte, wie bei dem Gedanken an ein paar Millionen Zuschauer langsam das Lampenfieber in mir hochkroch. Da half nur Ablenken. Also schnappte ich meine Handtasche, verließ das Hotel und spazierte durch die umliegenden Geschäftsstraßen. Dabei stieß ich auf ein Schuhgeschäft. Kennen Sie etwas, das besser entspannt, als Schuhe anzuprobieren? Eben! Ich ging also hinein. Und es kam, wie es kommen musste, ich fand ein schickes Paar Schuhe. Die Verkäuferin, die mich sehr freundlich bedient hatte, gab mir dazu noch ein paar richtig gute Pflegetipps. Ich bedankte mich und sagte anerkennend: »Man merkt doch gleich, wenn man von einer Fachfrau beraten wird.« Mit der Reaktion auf meine Worte hatte ich allerdings nicht gerechnet. Sie sagte mit Tränen in den Augen: »Hier weiß das niemand zu schätzen. Ich werde mies behandelt, man hat mich sogar in diese Filiale versetzt, weil ich zu Missständen den Mund aufgemacht habe.« Ich versuchte, sie positiv zu stimmen und ihr Mut zu machen, aber leider war dazu weder genug Zeit noch der richtige Ort. Nachdenklich ging ich zurück ins Hotel.

Später im Taxi erzählte ich Jörg Pilawa und Inka Schneider von meinem Erlebnis. Und sofort waren wir in ein lebhaftes Gespräch darüber vertieft, wie leicht Menschen heute entwertet werden. Angestellte werden Knall auf Fall entlassen oder gemobbt. Mitarbeiterinnen ab 40 werden kaltgestellt. Männer in der Midlife Crisis tauschen ihre Lebensgefährtin gegen eine jüngere Frau aus. Allgemein breitet sich ein Klima der Missachtung und Entwertung aus. »Am liebsten würde ich ein Buch schreiben, das hilft, sich dagegen zu wehren«, sagte ich empört. »Mit dem Titel ›Verdammt, Sie sind wertvoll!‹«

Das war die Initialzündung zu diesem Ratgeber.

Es hat ein bisschen gedauert, bis ich sie umsetzen konnte, aber jetzt halten Sie das Ergebnis in den Händen. Der Titel ist nun doch nicht ganz so furios formuliert, aber das Engagement, das dahintersteckte, ist in der Zwischenzeit sogar noch stärker geworden. Wohl auch, weil das gesellschaftliche Klima immer kälter wird. Sie müssen nur die Tagesschau einschalten. Dann sehen Sie, wie die Mitarbeiter eines Konzerns in die existenzielle Ungewissheit entlassen werden, während die verantwortlichen Manager sich mit Sprechblasen aus der Affäre ziehen. Oder fragen Sie in Ihrer Umgebung nach. Ich habe jedenfalls seitdem viele persönliche Geschichten gehört, in denen Menschen im Beruf und im Privatleben abgewertet, gekränkt oder ausgemustert wurden. Einige dieser Erlebnisse werden Sie – natürlich mit veränderten persönlichen Daten – lesen. Doch keine Angst, dies ist kein Buch für arme Opfer. Im Gegenteil! Schließlich gibt es hervorragende psychologische Techniken, mit denen Sie kontern können, die Ihnen helfen, sich durchzusetzen und nach einer Entwertung wieder auf die Füße zu kommen.

Gewiss leuchtet ein, dass es keine Abwehrtechnik gibt,

die in allen Lebenslagen funktioniert, sondern dass sie für die jeweilige Situation maßgeschneidert sein muss. Deshalb habe ich die Bereiche und Phasen ausgesucht, in denen jede(r) von uns früher oder später Abwertung erfährt: im Beruf und in der Liebe, in Bezug auf unser Aussehen, mit zunehmendem Alter und im Hinblick auf materiellen Besitz.

Für jeden Bereich erfahren Sie, wie Sie Ihr persönliches Wertgefühl behalten, und vor allem, wie Sie sich speziell auf diesem Gebiet gegen Abwertungen wehren können.

Auch wenn Sie ein Bereich aktuell nicht betrifft, weil Sie z. B. finden, dass Sie klasse aussehen, gerade frisch verliebt sind, die Vierzig noch nicht überschritten haben oder im Beruf alles optimal läuft, lesen Sie das jeweilige Kapitel trotzdem genau – zur Vorsorge. Ich will ja nicht unken, aber unverhofft kommt oft.

Die beste Vorsorge ist allerdings ein stabiles Selbstwertgefühl. Wir können nicht immer verhindern, dass uns jemand zu entwerten versucht, doch wir können mit einem guten Selbstwertgefühl verhindern, dass er es tatsächlich schafft. Leider erwarten wir unseren Wert allzu oft von anderen, anstatt ihn selbst zu entwickeln. Ein Weg dazu ist, dass wir uns zum Beispiel unserer individuellen Schönheit bewusst sind, schädliche Muster bei der Partnersuche ablegen, unsere wahre Berufung finden, uns reich fühlen oder unser Älterwerden als Gewinn für uns und andere ansehen.

Das Thema enthält also beide Aspekte: »Wie gewinne ich meinen Wert?« und »Wie verteidige ich ihn?«. Mit diesem Buch möchte ich

- Ihr Gefühl für Ihren eigenen Wert steigern
- Ihnen helfen, Ihren Wert anderen deutlich zu zeigen
- Ihnen Strategien vermitteln, sich gegen Abwertung zu wehren

- Ihnen spezielle Hinweise geben, wie Sie Ihren Wert in verschiedenen Bereichen und Phasen des Lebens erhalten

Damit haben Sie ein großes Rundum-wertvoll-Paket, von dem ich mir wünsche, dass Sie es mit Gewinn benutzen. Um Ihr Selbstwertgefühl zu stärken, sich in Krisen aufzubauen und denen Paroli zu bieten, die glauben, mit Ihnen ungestraft schlecht umgehen zu dürfen. Sie werden in diesem Buch alles finden, was Sie brauchen, um sich so wertvoll und einmalig zu fühlen, wie Sie sind – und das auch anderen souverän zu vermitteln.

Kapitel 1: Ihren Wert bestimmen Sie!

Ich sammle mit Begeisterung gute Sprüche. Sätze, die kurz und einprägsam eine Lebensweisheit auf den Punkt bringen, können zum Nachdenken anregen oder helfen, Ereignisse und Gefühle auf neue Weise zu betrachten. Einen besonderen Lieblingsspruch aus meiner reichhaltigen Schatzkiste möchte ich Ihnen hier weitergeben:

»Niemand kann dir deinen Selbstwert nehmen, wenn du ihn nicht hergibst.«

Er ist sehr nützlich, um sich klarzumachen, dass zur Abwertung, wie zum Tango, immer zwei gehören. Dass uns jemand unangemessen behandelt, muss schließlich noch lange nicht bedeuten, dass wir uns davon in unserem Wohlbefinden und unserer Selbsteinschätzung beeinflussen lassen. Leider passiert es aber viel zu oft, dass wir durch bestimmte Ereignisse und Situationen das Gefühl für unseren Wert verlieren und anderen erlauben, uns zum Opfer zu machen.

Ob das tatsächlich der Fall ist, lässt sich anhand der Gefühle überprüfen, die uns dann beherrschen:

Machen Sie den Opfer-Check
- Sie sind tief verletzt : »Warum tut er/sie mir das an?«
- Sie sind seit längerem wütend: »Ich hasse ihn/sie dafür!«

- Sie sind verbittert: »Das habe ich wirklich nicht verdient.«
- Ihre Gedanken kreisen ständig um die erlittene Abwertung.
- Sie schmieden konkrete Rachepläne.
- In Ihren Tagträumen rächen Sie sich gnadenlos.
- Sie beklagen sich bei anderen immer wieder darüber, wie übel man Sie behandelt hat.
- Sie fühlen sich hilflos: »Ich kann nichts an der Situation ändern.«
- Sie geben sich allein die Schuld an dem, was passiert ist.
- Sie haben das ohnmächtige Gefühl: »Andere bestimmen über mein Leben.«
- Sie hängen in der Warteschleife: »Das muss sich erst ändern, bevor es mir besser geht.«

Ob Sie sich leicht durch eine Abwertung in die Opferrolle bringen lassen und wie lange Sie darin verharren, hängt zu einem großen Teil davon ab, wie gut Ihre emotionale Basis in diesem Punkt ist. Manche Menschen besitzen ein stabiles Selbstwertgefühl, das sich nicht so leicht erschüttern lässt, bei anderen dagegen steht es von vornherein auf wackeligen Füßen. Die Ursache für beides findet sich meist schon in den frühen Lebensjahren.

Wie entsteht Selbstwertgefühl?
Wenn wir zur Welt kommen, sind wir bereits mit einem üppigen genetischen Set ausgestattet. Eines fehlt allerdings noch: unser Bewusstsein für unseren Wert. Das entwickelt sich erst in Verbindung mit anderen Menschen. Der Benediktiner-Pater Anselm Grün definiert Selbstwertgefühl in seinem Buch »Selbstwert entwickeln, Ohnmacht meistern«

so: »Selbstwertgefühl ist das Wissen um den eigenen Wert, um die eigene Würde, um die Einmaligkeit als Person.«[1]

Indem unsere Umgebung uns vermittelt, was sie von uns hält, prägt sie unser Selbstwertgefühl zum Positiven oder Negativen. Das beginnt schon unmittelbar nach der Geburt: Ob sich Eltern auf ihr Kind freuen oder es als Last empfinden, ob die Mutter es beim Stillen liebevoll anschaut oder voller Abwehr ist. Vom Tag unserer Geburt an setzt sich der Einfluss aller für uns wichtigen Menschen fort. Wie man unseren Wert einschätzt, wird uns von Eltern, Erzieherinnen, Spielgefährten im Kindergarten, von Lehrern und Klassenkameraden widergespiegelt. Wir nehmen auf, wie sie mit uns sprechen, wie sie über uns urteilen, wie sie uns behandeln. Auch unausgesprochene Einflüsse wie Atmosphäre, Regeln oder Einstellungen gehören dazu. Die Rückmeldung, wie man unseren Wert einschätzt, findet lebenslänglich statt, wenn auch mit wechselnder Besetzung. Doch die größte Wirkung hat sie in unserer Kindheit, weil wir in dieser Phase noch besonders offen sind.

Inzwischen weiß man durch die psychologische und pädagogische Forschung, was einem gesunden Selbstwertgefühl besonders förderlich ist: Ermutigung, Lob, konstruktive Kritik, Respekt, Akzeptieren der individuellen Persönlichkeit, Vermittlung von Vertrauen und Zutrauen in die Fähigkeiten.

Als Kehrseite der Medaille hat man auch herausgefunden, was dem Selbstwert abträglich ist. Vor allem sind das: Beschämung, Bestrafung, Beschimpfung, Einschränkung, harte und ständige Kritik, Missachtung, jede Form von Abwertung, wie z. B. Ironie und Sarkasmus, übermäßiger Anspruch an Leistung und Perfektion. Selten handelt es sich dabei um bewusste Bösartigkeit. Unsere Mitmenschen geben einfach weiter, was sie gelernt haben. Wer selbst wenig Wertschätzung erleben durfte, tut sich schwer damit, sie anderen zu vermitteln.

Im Laufe der Jahre habe ich in meiner Praxis viele berührende Geschichten gehört, wie das Selbstwertgefühl gerade in der Kindheit beeinträchtigt wird. Natürlich sind die dramatischen Erlebnisse von Missbrauch oder brutaler Gewalt besonders schlimm, aber oft genug sind es auch die scheinbar harmlosen Abwertungen, die den Wert eines Kindes in seinen eigenen Augen nachhaltig mindern. Dabei höhlt der stete Tropfen den Stein. Das Ergebnis ist immer das Gleiche: Uns wird vermittelt, dass wir nicht gut genug sind.

In den USA führten Soziologen ein Experiment mit dreijährigen Kindern durch: Die Kleinen wurden mit Tonbandgeräten ausgestattet, die non stop über mehrere Stunden liefen. 14 Tage lang nahmen die Geräte von morgens bis abends sämtliche Botschaften auf, die diese Kinder erhielten. Anschließend wurden die Kassetten ausgewertet. Es stellte sich heraus, dass die Mitteilungen zu 85 Prozent Verbote enthielten. Und was noch bedeutsamer war: Der größte Teil der Botschaften signalisierte den Kindern: »Du bist nicht gut genug. Du genügst den Anforderungen nicht. Du musst dich ändern.«[2]

Für viele von uns hätte dieses Experiment in ihrer Kindheit wahrscheinlich ein ähnliches Ergebnis erbracht. Wir haben mehr oder minder verinnerlicht, dass wir nicht genügen, etwa nicht schön, klug, lieb oder begabt genug sind. Zum Glück ist das trotzdem kein Grund, zu resignieren.

Ihr Selbstwertgefühl ist nicht festgeschrieben

Sollten Sie als Kind keinen guten Start in Sachen Selbstwert bekommen haben, ist die Chance keineswegs für immer vorüber. Der Schweizer Psychiatrie-Professor Jürg Willi hat dazu das Ergebnis von Langzeitstudien ausgewertet. Die ergaben: Frühe negative Erfahrungen hinterlassen nur dann bleibende Spuren, wenn sie später durch gleichartige Erfahrungen immer wieder verstärkt werden.[3] Das heißt, nur dann, wenn Sie im Laufe Ihres Lebens immer wieder Abwertungen erfahren, bleibt Ihr Selbstwert auf einem niedrigen Level. Wenn Sie jedoch in der Gegenwart bewusst Erfahrungen machen, die Ihren Wert bestätigen, können Sie die Wirkung negativer Erlebnisse weitgehend löschen. Dazu gibt es verschiedene Wege. Die folgenden drei sind besonders effektiv:

Selbstwertgefühl kann man sich erarbeiten

Es kann gut sein, dass gerade ein Mangel an Anerkennung in jungen Jahren dazu führt, dass Sie sich später mit aller Kraft für Ihr Selbstwertgefühl einsetzen. Nach dem Motto »Euch zeige ich es noch allen!« gibt Ihnen Ihr Defizit die nötige Stärke, etwas aus sich zu machen. Erstaunlich viele Prominente aus Politik, Film und Medien weisen diesen Zug auf. Nachdem sie in jungen Jahren ungünstige Bedingungen für ihr Selbstwertgefühl hatten, suchten sie energisch ihren Weg nach oben.

Das Model Nadja Auermann erzählte, dass sie als Teenager wegen ihrer dünnen Beine gehänselt wurde. Über den Schauspieler Ben Becker konnte man kürzlich lesen, dass seine Mutter ihn als Kind vom Schwimmunterricht befreien ließ, weil seine Mitschüler ihn wegen seiner hellen Haut und den rötlichen Haaren »Albino« schimpften. Dass der ehemalige Bundeskanzler Gerhard Schröder, Sohn einer Putzfrau, mit dem Ruf »Ich will hier rein!« wild an den Gitterstäben des Kanzleramtes gerüttelt haben soll, passt ebenfalls ins Bild.

Die psychische Dynamik, die dahintersteckt, ist einleuchtend: Über unsere Leistung erhalten wir die Anerkennung und Wertschätzung, die uns früher gefehlt hat. Endlich schauen unsere Mitmenschen mit Respekt oder gar bewundernd auf uns. Dadurch verändert sich unser Selbstbild möglicherweise in eine positive Richtung.

Der Weg, mehr Selbstwertgefühl über Leistung zu entwickeln, birgt allerdings auch eine Gefahr. Es kann sein, dass wir uns dabei von der Anerkennung anderer abhängig machen und unseren Wert nur auf Äußerlichkeiten gründen. Macht, Statussymbole und das Lob unserer Umgebung sind zwar durchaus hilfreich, aber sie allein ergeben noch keinen soliden Selbstwert. Nimmt man die Äußerlichkeiten weg, bricht ein oberflächliches Wertgefühl wie ein Kartenhaus zusammen. Echtes Selbstwertgefühl gewinnen wir erst, wenn wir uns neben der schmeichelhaften Außenwirkung auch auf die Leistung selbst konzentrieren. Das Gefühl, etwas geschafft zu haben, besondere Fähigkeiten zu besitzen oder anderen etwas geben zu können, verleiht Sicherheit. Dann sind wir uns in unserem Innern unseres Wertes bewusst.

Selbstwertgefühl bekommt man geschenkt

Ein anderer Weg zu mehr Selbstwertgefühl heißt »Liebe«. Eine warmherzige, unterstützende Freundschaft oder eine befriedigende Liebesbeziehung können Wunder wirken. Sie bringen einen heilsamen Prozess in Gang und entwickeln im Nachhinein das verkümmerte Selbstwertgefühl. Durch Liebe werden die negativen Einflüsse von damals entkräftet und positive aufgebaut. Der liebevolle Blick eines anderen Menschen hilft uns, endlich zu glauben, dass wir gut genug sind und Respekt verdienen. Jürg Willi belegt das mit einer über 30 Jahre durchgeführten Langzeitstudie an ursprünglich benachteiligten Kindern, die später ein glückliches und erfolgreiches Leben führten: »Als Erwachsene gingen sie Beziehungen ein mit Menschen, durch die sie in ihrem Selbstwertgefühl gestärkt und emotional unterstützt wurden.«[4]

Voraussetzung ist also, dass wir uns die richtigen Begleiter auswählen. Bei Menschen mit geringem Selbstwertgefühl besteht leider die Gefahr, dass sie sich immer wieder die falschen Freunde oder den falschen Partner aussuchen. Sie lassen sich schlecht behandeln oder ausnutzen, weil sie im Grunde ihres Herzens daran zweifeln, dass sie einen liebevollen Umgang wert sind. Wichtig ist, dass man sich als Freunde und Partner ganz bewusst Menschen sucht, die einen unterstützen, die zärtlich, großzügig und liebevoll sind.

Selbstwertgefühl lässt sich »erdenken«

Auch ohne Einfluss von außen können wir unsere Einstellung zu unserem Wert verändern, nämlich über unsere Gedanken. Dazu ist es hilfreich, sich einmal klarzumachen: Unsere spezielle Mischung von Talenten, Fähigkeiten und Begabungen gibt es nur ein einziges Mal auf der Welt, sie sind so individuell wie die DNA und der Fingerabdruck. Selbst eineiige Zwillinge, die bei den gleichen Eltern aufgewachsen sind, nehmen jeder eine eigene Entwicklung. Wir dürfen deshalb mit Fug und Recht auf unsere Einmaligkeit stolz sein.

Wann immer wir an unserem Wert zweifeln, sollten wir unserer negativen inneren Stimme Paroli bieten und sie mit positiven Argumenten entkräften. Zum Beispiel: »Mein Wert als Mensch hängt nicht von meinem Arbeitsplatz oder Noten ab.« Oder »Dass mich mein Mann wegen einer anderen verlassen hat, ändert nichts an meinem Wert.«

Sich seinen Wert vor allem selbst zu bestätigen, erfordert Disziplin, Selbstverantwortung und Bewusstsein. Aber dafür sind wir dann auch nicht von anderen abhängig. Wir tragen die Bestätigung unseres Wertes in uns.

Ich würde Ihnen gerne versprechen: Wenn Sie einen dieser Wege konsequent gehen, oder sogar alle drei, dann erwerben Sie sich ein unerschütterliches Selbstwertgefühl bis ans Ende Ihrer Tage. Aber leider stimmt das nicht. Keiner von uns ist davor gefeit, dass immer wieder sein Selbstwert in Frage gestellt wird. Jede Prüfung im Leben ist gleichzeitig eine Prüfung für unseren Selbstwert. In Krisen zeigt sich, wie stabil er wirklich ist, ob er trägt. Trennung, Krankheit, Seitensprung des Partners, Entlassung, Arbeitslosigkeit, Mobbing, Altern – das sind nur einige der klassischen Angriffe auf unseren Wert. Früher oder später erlebt jeder von uns zumindest etwas davon.

Verständlich, dass uns solche Erfahrungen zunächst aus der Bahn werfen und wir beim Opfercheck unser(e) Ja-Kreuzchen machen müssen. Wir alle fallen erst einmal in ein Loch, wenn sich die Lebensumstände drastisch zum Negativen ändern. Je nach Anlass sind wir geschockt, traurig, deprimiert, ängstlich, panisch oder wütend. Plötzlich tauchen auch längst vergessene oder verdrängte Empfindungen aus der Kindheit auf: Wie damals fühlen wir uns wertlos und verlassen.

Verzeihen Sie es sich, wenn Sie durch die Umstände für eine Weile vergessen, dass Ihr Wert als Mensch unantastbar ist. Entscheidend ist, dass Sie sich besinnen und so bald wie möglich Ihr Selbstwertgefühl wiederfinden. Das gelingt Ihnen umso besser, je mehr Know-how Ihnen dazu zur Verfügung steht. Sehen Sie es einmal als Bild: Wenn Sie ins Wasser fallen und nicht schwimmen können, ist die Gefahr groß, dass Sie ertrinken. Wissen Sie dagegen, was Sie tun müssen, um ans rettende Ufer kommen, bleibt Ihr Bad höchstwahrscheinlich nur eine nasse, kalte Episode.

Ich gehe sogar noch weiter: Wenn Sie wissen, wie Sie Ihren Selbstwert behalten und mit Entwertung umgehen können, wird das zu einer Herausforderung, aus der Sie gestärkt hervorgehen. Das sind mehr als nur schöne Worte, mit denen ich Sie trösten möchte, falls Sie gerade in einer Krise stecken. Ich stehe selbst dafür ein. Im Laufe vieler Jahre bestätigte sich, was ich schon in meiner Forschung über Glücklichsein herausgefunden hatte: Es ist nicht das leichte Leben, das glücklich macht, sondern das Bewusstsein, Schwierigkeiten erfolgreich gemeistert zu haben. Sie brauchen solche Erfahrungen wahrhaftig nicht zu suchen, um Ihre Persönlichkeit zu bereichern. In unserer Zeit und Gesellschaft kommen die schon ganz von selbst auf Sie zu. Begegnen Sie ihnen mit einem mutigen Herzen.

Kapitel 2: Strahlen, nicht betteln

Die Wohnung ist genau das, was Sie suchen. Hell, ruhig, bezahlbar. Nur: Es gibt noch weitere Interessenten, aus denen die Maklerin sich die besten Mieter heraussuchen wird.

Sie sind schon länger arbeitslos und brauchen dringend einen Job. Endlich haben Sie einen Termin für ein Vorstellungsgespräch. Das muss einfach klappen, beten Sie.

Sie möchten sich mit einer guten Geschäftsidee selbständig machen und benötigen dazu einen Startkredit. Falls Sie die Bank nicht mit Ihrem Konzept beeindrucken, können Sie Ihre Zukunft als Chefin knicken.

Der Kindergarten hat einen guten Ruf als pädagogisch wertvoll, mittags gibt es gesundes Essen. Da möchten Sie Ihren Sprössling unbedingt unterbringen. Aber die Plätze sind knapp, und die Leiterin ist dafür bekannt, dass sie die offizielle Warteliste häufig überspringt und nach Sympathie entscheidet.

Sie müssen ein Gremium davon überzeugen, dass Sie ein Stipendium wert sind, andernfalls ist es aus mit Ihrem Traum vom Studium im Ausland.

Ergänzen Sie diese Beispiele gerne aus Ihrem Erfahrungsschatz. Charakteristisch für solche Situationen ist in jedem Fall die Kombination von »Ich brauche etwas ganz dringend« und »Ich bin von meinem Gegenüber abhängig«.

Für unser inneres Gleichgewicht und für unser Verhalten

ist diese Verquickung ziemlich kritisch. Wir fühlen uns ausgeliefert, und das bringt uns schnell in einen Zustand, in dem wir unsere Souveränität verlieren.

Natürlich gibt es warmherzige, fürsorgliche Menschen, die sich alle Mühe geben, uns bei unseren Zielen selbstlos zu unterstützen. Aber die sind erfahrungsgemäß in der Minderheit. Die meisten begegnen uns eher freundlich-reserviert. In ihrer Funktion als Makler, Personalchef, Vermieter, Schulleiterin, Arbeitgeber, Sachbearbeiterin oder Clubvorstand hören sie sich unser Anliegen an und entscheiden dann nach Sachlage: »Wir setzen Sie auf unsere Warteliste.« »Füllen Sie erst einmal dieses Formular aus.« »Wir nehmen nur Abiturienten.« »Bedaure, der letzte Anmeldetermin war gestern.«

Alles Berechnung!

Doch ganz so neutral, wie es scheint, wird die Entscheidung selten gefällt. Offiziell geschieht das zwar strikt nach Vorgabe, aber meist gibt es einen Spielraum, der durch die persönliche Wahrnehmung beeinflusst wird. Dabei geht es nicht allein um Sympathie, sondern vor allem um Gewinn.

Bewusst oder unbewusst schickt Ihr Gegenüber Ihren Wunsch durch den Filter: Was habe ich (meine Firma, meine Praxis, der Konzern, die Bank, mein Laden, mein Verein, mein Portemonnaie, mein Image) davon? Blitzschnell läuft ein innerer Dialog ab: Kostet es mich Zeit? Geld? Energie? Muss ich dazu gegen Vorschriften verstoßen oder schadet es meinem Ruf? Ist es ein Risiko? Handle ich mir damit jetzt oder später Ärger ein? Sind mir andere Personen mit dem gleichen Anliegen wichtiger? Habe ich überhaupt Lust, mich darum zu kümmern?

Lautet die innere Bilanz: »Viel Aufwand, ohne dass ich

etwas davon habe«, dann folgt meist die offizielle Antwort: »Tut mir leid, da kann ich nichts machen.«

Das mag berechnend klingen, doch mal ehrlich, von so einem heimlichen Kosten-Nutzen-Denken können wir uns selbst auch nicht ganz frei machen. Hier ist dazu ein kleiner Test. Versetzen Sie sich einmal in die folgende Situation:

Als Chefin einer Werbeagentur haben Sie viel um die Ohren, ebenso wie Ihre Mitarbeiter. Das Letzte, was Sie bei dem Stress gebrauchen können, ist eine Praktikantin, die mit großen Augen herumsteht und intensiv betreut werden muss. Da spricht Sie beim Einkaufen im Supermarkt eine Bekannte an. Ihre 16-jährige Tochter soll von der Schule aus ein dreiwöchiges Berufspraktikum machen. Das Mädchen hat sich schon überall beworben, aber nur Ablehnungen bekommen. Ganz unglücklich fragt die Mutter, ob Sie nicht einen Platz hätten. Sie sagen:

A) Na gut, dann schicken Sie sie mal her.

B) Tut mir schrecklich leid, aber wir haben da keine Möglichkeit.

Wenn Sie (A) angekreuzt haben, sind Sie ein feiner Mensch und gehören eindeutig in die Kategorie »Hilfsbereit«. Passen Sie gut auf sich auf!

Wenn Sie (B) angekreuzt haben, geht der Test für Sie noch weiter:

Statt der besorgten Mutter ruft Sie ein potenzieller Kunde an, auf dessen Werbetat Sie scharf sind. Er erkundigt sich, ob Sie für seine Tochter einen Praktikumsplatz haben.

Falls Sie jetzt wieder (B) angekreuzt haben, sehe ich schwarz für Ihre Agentur. Aber ich bin ziemlich sicher, diesmal war es (A).

Wenn man einen materiellen oder ideellen Nutzen erwarten darf, ist man weitaus eher geneigt, dem Wunsch eines anderen zu folgen. Ihm etwa die Wohnung zu vermieten, den Kita-Platz oder die Arbeitsstelle zu geben, den Kredit zu gewähren, ihm den Auftrag zu erteilen, ihn mit auf die Reise zu nehmen.

Zeigen Sie nicht, dass Sie es nötig haben

Genau an diesem Punkt haben wir das Motto »Nicht betteln, strahlen!« zu fassen: Wenn Sie etwas dringend brauchen, ist es der ungünstigste Weg, sich als bedürftig zu outen – es sei denn, Sie beantragen gerade im Sozialamt einen Zuschuss zum Lebensunterhalt. Ihre Chance liegt darin, durch Ihr Auftreten und Verhalten die Einstellung Ihres Gesprächspartners zum Positiven zu beeinflussen. Sie müssen so viel Sicherheit und Souveränität ausstrahlen, dass er es als Gewinn betrachtet, mit Ihnen in eine (geschäftliche) Beziehung zu treten.

Wie sehr das eine ursprünglich aussichtslose Lage verändern kann, habe ich bei einer Freundin erlebt: Vera, alleinerziehende Mutter einer vierjährigen Tochter, steckte seit einem Jahr in Schwierigkeiten. Wegen eines Rückenleidens konnte sie ihren Beruf als Yogalehrerin nicht mehr ausüben und musste von ihren Ersparnissen leben. Aber es kam noch dicker: Ihr Vermieter kündigte ihr wegen Eigenbedarf. Seit Monaten suchte Vera vergeblich eine Wohnung, die nicht nur bezahlbar war, sondern auch im gleichen Viertel lag, damit ihre Tochter ihren Kindergartenplatz behielt. Schließlich hatte sie Glück im Unglück: Eine Bekannte informierte sie, dass in der Nachbarschaft eine Wohnung leer stünde. Vera setzte sich sofort mit der Hausverwaltung in Verbindung. Die Sachbearbeiterin war sehr freundlich. Ja, die Wohnung sei frei und Vera könne sie gerne besichtigen. Als die Dame jedoch erfuhr, dass Vera alleinerziehende Mutter ist, entdeckte sie plötzlich zu ihrem Bedauern in den Unterlagen, dass die Wohnung bereits vermietet sei. Da war wohl nichts zu machen.

Ein paar Tage später hörte Vera von der Bekannten, dass die Wohnung immer noch leer stand. Sie beschloss, nicht lockerzulassen und darum zu kämpfen. Also setzte sie sich hin und schrieb einen Brief, indem sie erneut ihr Interesse an der Wohnung bekundete.

Zum Glück zeigte sie mir den Brief, bevor sie ihn abschickte. Um ihrem Wunsch Nachdruck zu verleihen, hatte sie nämlich Sätze eingefügt wie: »Wir brauchen wirklich dringend eine Wohnung, sonst sitzen wir ab Januar auf der Straße«, oder: »Bitte stellen Sie sich doch vor, was es für ein Kind bedeutet, aus seinem Umfeld gerissen zu werden.« Und weil Weihnachten vor der Tür stand, schrieb sie auch noch in Anspielung auf die Herbergssuche von Maria und Josef: »Bald ist doch Weihnachten!«

Beim Lesen versetzte ich mich in die Lage der Sachbearbeiterin. Vor meinen Augen entstand das Bild eines unglücklichen Sozialfalles, mit dem ich in Zukunft nur Schereien wegen der Miete hätte, außerdem phantasierte ich ein wildes Kind, das die Wände im Treppenhaus mit Wachsmalstiften verschmierte. Ich strich Vera diese Sätze radikal heraus und ließ nur diejenigen stehen, die darauf hinwiesen, dass sie eine zuverlässige, ruhige Mieterin mit einem wohlerzogenen Töchterchen war, die außerdem solvente Bürgen für die Miete angab. Vera schickte den korrigierten Brief ab. Drei Tage später unterschrieb sie den Mietvertrag. Ich bin hundertprozentig sicher, mit der Jammer-Version hätte sie das nicht erreicht.

Vermutlich stimmen Sie mir schon zu, dass man mit einem souveränen Auftreten mehr erreicht als mit geducktem Bittsteller-Verhalten. Aber wie kriegt man das hin? Gerade wenn wir etwas dringend brauchen, fällt es uns am schwersten zu strahlen. Ich kann mir nicht verkneifen, Ihnen dazu einen passenden Spruch weiterzugeben, auch wenn er nicht gerade fein ist. Während ich über dieses Kapitel nachdachte, fiel mir in einem Schreibwarengeschäft eine freche Spruchkarte ins Auge: »Wer bis zum Hals in der Scheiße steckt, sollte den Kopf nicht hängen lassen.« Wie wahr, aber auch wie schwer.

So knipsen Sie Ihr Licht an

Ich könnte jetzt natürlich sagen: Tun Sie einfach so, als ob Sie sicher sind, egal wie's drinnen aussieht, dann haben Sie schon gewonnen. Zum Teil ist das gewiss richtig. Normalerweise wirkt die »Als-ob-Methode« positiv auf uns selbst zurück. Wenn wir uns zum Beispiel mutig geben, steigt unser Mut. Doch in diesem Fall reicht Schauspieltalent allein nicht aus. Solange uns die Bedürftigkeit aus allen Knopflöchern springt, wirkt das Strahlen aufgesetzt und kippt schnell in ein verzweifeltes Lächeln um. Ihr Gegenüber spürt intuitiv, dass Sie ihm etwas vormachen. Deshalb ist die erfolgreichere Methode, sich vorher selbst aufzubauen. Ihr bester Verbündeter ist dabei Ihr Kopf.

Nehmen wir den Ernstfall. Sie haben es geschafft, einen Termin für Ihr Anliegen zu bekommen. Wahrscheinlich sind Sie vorher aufgeregt und haben einen Druck auf dem Magen. Ich muss mich unbedingt gut präsentieren, denken Sie. Aber was ist, wenn ich den Ansprüchen nicht genüge? Wenn ich es nicht schaffe, sie von meinen Qualitäten zu überzeugen? Schon beim bloßen Gedanken daran kriegen Sie Herzklopfen und feuchte Hände.

Bevor Sie sich nun in eine verkrampfte Haltung hineinsteigern, schalten Sie bitte das mentale Aufbau- und Beruhigungsprogramm ein:

1. Schritt: Machen Sie sich klar, dass Sie stark und mutig sind

Es mag sein, dass Sie das aufgrund negativer Ereignisse in der letzten Zeit vergessen haben. Deshalb müssen Sie sich jetzt wieder daran erinnern. Was haben Sie in Ihrem Leben alles schon geschafft? Zählen Sie sich das auf, am besten schriftlich. Sie werden sehen: Es gab schon schlimmere Situationen als die, die vor Ihnen liegt – und Sie haben sie bewältigt. Sie sind mit Liebeskummer und Krankheiten fertig geworden, Sie haben Prüfungen bestanden und sich erfolgreich mit schwierigen Menschen auseinandergesetzt. Sie haben Schulden abgetragen und für Ihren Lebensunterhalt gesorgt. Sie haben sich Ziele gesetzt und erreicht. Also, Frau Löwenherz, warum sollten Sie sich diesmal mit Angst lähmen? Belassen Sie es bei einem bisschen Lampenfieber, das Ihre Aufmerksamkeit erhöht. Mehr ist nicht nötig.

2. Schritt: Seien Sie sich bewusst, dass Sie eine einmalige Persönlichkeit sind

Ihre Eigenschaften besitzt in dieser Form kein anderer Mensch auf dieser Welt. Was ist das Besondere an Ihnen? Ihre Sensibilität, mit der Sie auf andere eingehen? Ihre Fähigkeit, zu motivieren? Ihre Fairness, die es Ihnen erlaubt, gerecht zu entscheiden? Vielleicht ist es auch Ihr Organisationstalent und Ihre kluge Weitsicht. Überlegen Sie doch mal, für was man Sie bisher gelobt hat. Hat man gesagt: »Sie kommen so warmherzig rüber« oder: »Du stehst immer zu deinem Wort«? Erinnern Sie sich an alle Komplimente, die man Ihnen gemacht hat. Das dürfte eine ganze Menge sein. Also ab in die Tonne mit den negativen Zuschreibungen, die Ihnen gleichgültige oder ablehnende Mitmenschen in letzter Zeit verpasst haben, wie etwa: »Sie sind zu alt« oder »Na ja, toll siehst du gerade nicht aus«. Die wirken nur, weil Sie es glauben.

3. Schritt: Überlegen Sie, was Sie zu bieten haben

John F. Kennedy motivierte die Bürger in seiner Antrittsrede als Präsident der Vereinigten Staaten: »Frage dich nicht, was dein Land für dich tun kann, frage dich, was du für dein Land tun kannst.« Frei nach diesem berühmten Spruch sollten Sie zusammenstellen, was Sie einbringen können. Zum Beispiel bei Ausflügen in der Kindertagesstätte ab und zu als Begleitperson mitzukommen. Als Mieterin eine ruhige, ordentliche Nachbarin sein und pünktlich per Dauerauftrag die Miete zahlen. Sich in der Firma mit dem neuen Softwareprogramm auskennen. Als Journalistin Interviews fließend auf Englisch führen.

Auf diese Weise bekommen Sie einen festen Stand, auch wenn Sie objektiv bedürftig und von Ihrem Gegenüber abhängig sind. Die positive Selbstbesinnung hilft Ihnen, Ihr ursprüngliches Strahlen wiederzufinden. Wenn Sie dann noch Ihren Kopf hoch tragen und lächeln, vermitteln Sie Ihrem Gesprächspartner mit Worten und durch Ihre Körpersprache, wie wertvoll Sie sind und dass er durchaus einen Gewinn davon hat, Sie mit ins Boot zu nehmen.

Als Pastorentochter war ich schon immer fit in Bibelzitaten. Dieses fand ich lange Zeit äußerst ungerecht: »Wer da hat, dem wird gegeben.« (Lukas 19,26). Bis ich es schließlich besser verstand. Wenn wir etwas zu geben haben, sind wir anziehend und bekommen immer noch mehr, sei es nun Geld, Liebe oder Erfolg. Für unsere Zwecke heißt das, wenn Sie vom Bettel- in den Strahlmodus gelangen, werden Sie ein Magnet für positive Reaktionen. Meistens. Aber ich gebe zu, nicht immer. Es gibt nämlich nicht nur liebenswürdige oder höflich-neutrale Gesprächspartner, es gibt auch echte Ekelpakete.

Finden Sie den Schwachpunkt

John McDowell war arbeitslos und brauchte dringend einen Job. Er hatte vor, sich demnächst auf eine Stelle zu bewerben. Als man ihm anbot, er könnte vorher an einem Probeinterview zu Übungszwecken teilnehmen, stimmte er gerne zu. Er erschien pünktlich zu dem Termin und war bereit, schon bei der Übung sein Bestes zu geben. Während er engagiert von seinen Fähigkeiten und den positiven Erfahrungen an seiner früheren Arbeitsstelle berichtete, musterte ihn sein Gesprächspartner kritisch, ohne eine Miene zu verziehen. Kein Lächeln, kein freundliches Kopfnicken. Mit gerunzelter Stirn kritzelte er Notizen auf seinen Schreibblock. Zwischendurch unterbrach er John mit Äußerungen wie: »Ist das alles, was Sie zu bieten haben?« John wurde immer nervöser. Er verhaspelte sich, vergaß, was er eigentlich sagen wollte, versuchte sich zu verteidigen – kurz, er wurde im Verlauf des Interviews völlig unsicher.

Was John nicht wusste: Er war Versuchskaninchen in einem Experiment. Tatsächlich wurde bei dem vermeintlichen Probeinterview die Wirkung von sozialem Stress untersucht. Die Wissenschaftlerinnen Sally Dickerson und Margaret Kemeny, die diese Studie durchführten, fanden dabei heraus: Wie sich andere uns gegenüber verhalten, spielt eine wichtige Rolle. Reagieren sie negativ, dann erhöht sich ganz fatal unser Stresspegel. Das lässt sich physisch einwandfrei nachweisen. Der Körper setzt große Mengen Kortisol frei, ein Hormon, das uns in bedrohlichen Situationen mobilisiert. Es stimuliert den Mandelkern (Amygdala), die für Angstgefühle zuständige Region im Gehirn. Wir werden unsicher, unser Selbstwertgefühl gerät ins Schlingern. Dabei wird der Stress umso stärker, je mehr wir uns ausgeliefert fühlen.[5]

Bei John war es nur ein Experiment, aber für viele von uns ist es schmerzhafte Wirklichkeit. Wir geraten mit unserem Anliegen an jemanden, der unfair mit uns umgeht.

Die Ursachen dafür sind nicht gleich zu durchschauen. Vielleicht hat derjenige gerade einen schlechten Tag, weil es daheim schon beim Frühstück Streit gab. Oder Sie erinnern ihn an eine ehemalige Kollegin, mit der er sich schlecht vertrug, und bekommen deshalb die geballte Antipathie ab. Weit häufiger aber als solche zufälligen Auslöser handelt es sich bei abwertendem Benehmen um eine durchgängige Verhaltensweise. Jemand will sich auf Ihre Kosten profilieren, muss Sie kleinmachen, um sich selbst größer zu fühlen.

Sogar wenn jemand sachlich über Fakten spricht, blitzen zwischendurch immer wieder seine unbewussten Gedanken auf. Früher oder später verrät sich jeder durch seine Wortwahl oder Nebenbemerkungen. Von daher lohnt es sich, genau auf die Sprache zu achten, sie ist fast immer entlarvend. Durch genaues Hinhören erfahren Sie, wo der wunde Punkt liegt, auf den Sie sensibel eingehen müssen.

Das fand ich erst vor ein paar Wochen wieder bestätigt: Unser Sohn Felix war gerade dabei, seinen Führerschein zu machen. Ein paar Stunden lang lief alles prima. Felix hatte einen jungen Fahrlehrer, mit dem er sich gut verstand, er lernte locker und fuhr gut. Aber dann wurde der junge Mann entlassen, und Felix musste zu einem älteren Kollegen wechseln. Damit begann der Nervenkrieg. Der neue Fahrlehrer machte ihn ständig schlecht. Wenn Felix erklären wollte, warum er ein bestimmtes Manöver gemacht hatte und sagte: »Ich dachte ...«, schnitt er ihm gleich das Wort ab: »Du sollst nicht denken!« Während der Fahrten fielen Sätze wie: »Auch Hauptschüler haben Ahnung, nicht nur Gymnasiasten.« »Du glaubst wohl, du weißt schon alles. Aber ich garantiere dir, du machst so viel Stunden, bis *ich* sage, dass du gut genug bist.« Felix kam jedes Mal aufgebracht nach Hause, das T-Shirt völlig verschwitzt. »Der macht mich so fertig, dass ich mich gar nicht mehr auf das Fahren konzentrieren kann.« Solange Felix auch nur den Hauch von Widerspruchsgeist zeigte, bekam er bei dem Fahrlehrer kein Bein auf den Boden. Der Führerschein rückte in immer weitere Ferne, was nicht zuletzt auch eine teure Angelegenheit war. Wir waren uns im Familienrat einig – wofür ist die Mutter schließlich Psychologin! –, dass hier jemand massive Minderwertigkeitsgefühle hatte und deshalb sein Machtsüppchen kochte.

Wenn Sie von einem Menschen abhängig sind, der seine Macht demonstrieren will, besteht die beste Reaktion oft darin, sich geschickt anzupassen. Verwechseln Sie das bitte nicht mit Servilität. Indem Sie sich um eines Zieles willen klug verhalten, haben Sie die Kontrolle über Ihr Gegenüber, auch wenn es so aussieht, als ob Sie sich unterordnen. Sie bestimmen das Spiel. Praktisch kann das so aussehen: Zügeln Sie Ihren Widerspruch, Sie müssen nicht unbedingt recht behalten. Geben Sie Ihrem Gesprächspartner die Anerkennung, die er offenbar braucht. Etwa, indem Sie sich etwas erklären lassen, auch wenn Sie es längst wissen. Loben Sie seine Kompetenz.

Felix, normalerweise kompromisslos bis zur Schmerzgrenze, beschloss, zum Diplomaten zu mutieren. Ab sofort zeigte er Einsicht, gab sich verständnisvoll und lachte herzlich über die Späßchen des Fahrlehrers. Und siehe da, plötzlich wurden seine Fahrkünste positiv beurteilt.

Ich weiß, so viel Selbstbeherrschung geht oft über unsere Kräfte, wenn vor uns jemand sitzt, der uns mit Arroganz oder Ignoranz bis aufs Blut reizt. Aber vielleicht hilft Ihnen der Tipp des Unternehmensberaters Kerry Patterson. Er und sein Team sind Experten für heikle Gespräche. Patterson warnt: »Wenn unser Adrenalin das Denken für uns übernimmt, werden unsere Motive von der Chemie weggespült.«[6] Deshalb empfiehlt er: Falls Sie als Reaktion auf Ihr Gegenüber von Gefühlen überschwemmt werden und die Gefahr besteht, dass Sie wütend zurückschlagen oder in Tränen ausbrechen, dann fragen Sie sich: »Was will ich eigentlich?«

Indem Sie sich darauf besinnen, was Sie *wirklich* wollen, bringen Sie sich emotional wieder ins Gleichgewicht. Sie möchten doch etwas Bestimmtes erreichen, so wie Felix seinen Führerschein bekommen möchte. Ihr Anliegen ist es keineswegs, dem Fiesling zu zeigen, dass Sie auch anders können. Also behalten Sie Ihr Ziel im Auge und lassen Sie sich nicht durch Ihre aufwallenden Gefühle davon ablenken. Verständnis kann Ihnen dabei helfen. Ein indianisches Sprichwort sagt: »Verurteile niemanden, bevor du nicht ein paar Meilen in seinen Mokassins gegangen bist.« Sie wissen nicht, warum dieser Mensch so geworden ist. Schenken Sie ihm also großzügig Zuwendung, Sie können es sich doch leisten. Schauen Sie dann, was passiert. Entspannt sich das Klima, haben Sie gewonnen.

Wenn nötig, wehren Sie sich

Es kann aber auch sein, dass Ihr Gegenüber Ihr Entgegenkommen fälschlicher Weise als Schwäche auslegt und nun erst richtig aufdreht. Dann geht es nicht mehr nur um Ihr Ziel, sondern gleichzeitig darum, dass Sie Ihr Selbstwertgefühl behalten. Egal wie abhängig Sie von Ihrem Gesprächspartner sind – es gibt eine Toleranzgrenze. Sie dürfen nicht alles mit sich machen lassen. Wenn Sie erlauben, dass man Sie bewusst verächtlich behandelt und demütigt, dann schaden Sie sich selbst. Einem solchen Verhalten sollten Sie Paroli bieten. Sagen Sie etwa: »Bitte sprechen Sie nicht in diesem Ton mit mir.« Oder: »Ich bin es nicht gewohnt, so behandelt zu werden.« Es kann durchaus sein, dass Sie sich damit Respekt verschaffen und das Blatt sich wendet.

Sie können sich sogar ohne Worte wehren! Ellen, eine junge Kollegin, erzählte mir, wie ihr das gelungen ist: Sie hatte einen Termin zu einem Vorstellungsgespräch in einer renommierten Unternehmensberatung und hoffte sehr, dass man ihr dort eine Chance geben würde. Die Sekretärin führte sie in das Zimmer des zuständigen Herrn. Der nickte kurz zur Begrüßung, ließ Ellen in der Türe stehen und begann eine privates Telefonat, in dem es um das nächste Golfspiel ging. Ellen kochte. Nach ein paar Sekunden Überlegung steuerte sie auf den nächsten Stuhl zu, setzte sich, zog ihren Kalender aus der Tasche und vertiefte sich intensiv hinein. Als der unhöfliche Abteilungsleiter merkte, dass seine Dominanz-Nummer nicht ankam, beendete er prompt sein Telefonat. Das anschließende Gespräch fand auf Augenhöhe statt.

Prüfen Sie, ob Engagement noch Sinn hat

Wenn sich trotz aller Ihrer Bemühungen kein Erfolg eingestellt hat, liegt die Vermutung nahe, dass Ihr Gegenüber gar
nicht beabsichtigt, auf Sie einzugehen, und nur seine Macht
ausreizt. Noch bevor die Ablehnung offen auf den Tisch
kommt, können Sie das mit Ihrem Frühwarnsystem auf verschiedenen Ebenen wahrnehmen:

- **Körperlich:** Sie atmen nur noch flach und halten stre-
  ckenweise die Luft an. Ihre Nacken- und Kiefermuskeln
  sind angespannt. Sie werden immer verkrampfter. Schweiß
  bricht aus. Ihre Stimme zittert.
- **Seelisch:** Sie fühlen sich hilflos und ohnmächtig. In solchen Situationen sausen Sie meist wie mit einer Zeitma-
  schine in Ihre Kindheit zurück. Plötzlich sind Sie wieder
  klein und fühlen sich abgelehnt.
- **Geistig:** Panikartig schießen Ihnen Gedanken durch den
  Kopf wie: »Was soll ich jetzt bloß machen?«

Sobald Sie diese Signale verstärkt spüren, ist es Zeit für die
Erkenntnis: Es hat keinen Zweck mehr, sich ins Zeug zu legen. Wenn man Ihnen partout keine Chance gibt, sollten
Sie von sich aus den unwürdigen Zustand beenden und nicht
erst warten, bis man Sie wegschickt.

Ich erinnere mich noch gut an eine solche Situation, auch
wenn sie schon Jahre her ist: Auf Grund einer uralten Ge-
setzgebung durften Psychologen damals noch nicht offiziell
als Psychotherapeuten arbeiten, wohl aber Ärzte und Heil-
praktiker. Um mich juristisch abzusichern, hatte ich mich
zur Heilpraktiker-Prüfung angemeldet. Schon beim Herein-
kommen in den Prüfungsraum fixierte mich die Amtsärztin
mit zusammengekniffenen Augen. Während ich vor ihrem
Schreibtisch Platz nahm, blätterte sie in meinen Unterlagen,

vom Abiturzeugnis bis zum Psychologie-Diplom. »So, so, Sie haben ja schon viele Prüfungen gemacht«, sagte sie spitz. »Da wollen wir Sie jetzt mal ganz anders fragen, als Sie es gewohnt sind.« Ich merkte schnell, was sie damit meinte. Sie bohrte so penetrant nach äußerst seltenen Krankheitssymptomen, dass ich schon eine erfahrene Tropenmedizinerin hätte sein müssen, um die richtigen Antworten zu geben. Das eine oder andere wusste ich sogar, aber die meiste Zeit musste ich passen. Dabei hatte ich wochenlang für diese Prüfung gelernt, alles über die Funktion des menschlichen Organismus und sämtliche meldepflichtigen Krankheiten gepaukt. Jedes Mal, wenn ich etwas nicht wusste, huschte ein befriedigtes Lächeln über das Gesicht meiner Prüferin. Eine ganze Weile hielt ich tapfer durch und versuchte, noch etwas zu retten. Aber nach einer weiteren sehr speziellen Frage wusste ich: Das hat keinen Zweck. Ich stand auf, nahm meine Tasche und sagte: »Wir lassen das lieber. Sie fragen mich tatsächlich ganz anders, als ich es gewohnt bin. Ich breche hiermit die Prüfung ab. Auf Wiedersehen.« Während ich hoch erhobenen Hauptes zur Tür schritt, rief sie mir nach: »Dass Sie Psychologin sind, nutzt Ihnen hier gar nichts!« Da war mir schlagartig klar, warum sie mich fertigmachen wollte. Offenbar hatte sie eine tief sitzende Abneigung gegen meinen Berufsstand. Vor dem Gesundheitsamt atmete ich tief durch. Die Prüfung war vergeigt, aber ich war stolz darauf, dass ich mich von diesem Giftzwerg nicht hatte kleinkriegen lassen.

Hinterher: Befreien Sie sich vom Pech
Nicht immer kommen wir emotional so gut aus der Sache heraus. Vielleicht ist es Ihnen auch schon passiert, dass Sie nach einer bösartigen Ablehnung noch unter den Folgen ge-

litten haben. Nach einem missglückten Gespräch waren Sie deprimiert, fühlten sich wertlos oder hielten sich selbst für unfähig. In so einem Fall ist es wichtig, zu analysieren, was da eigentlich abläuft.

Erkenntnisse dazu liefert uns die Neuropsychologie, eine noch relativ junge Wissenschaft. Sie hat herausgefunden, dass unser Gehirn als ein soziales Organ konstruiert ist. Untersuchungen mit Verfahren, bei denen Gehirnaktivitäten im Bild sichtbar gemacht werden, zeigten dazu interessante Ergebnisse: Unser Gehirn registriert soziale Ablehnung im gleichen Bereich, der reagiert, wenn man uns körperlich verletzt. Von daher ist es einleuchtend, dass wir eine gewisse Zeit brauchen, um uns von einer Zurückweisung zu erholen. Sie haben das volle Recht, erst einmal deprimiert, verzweifelt oder zumindest schlecht gelaunt zu sein. Aber verharren Sie nicht zu lange in diesen negativen Gefühlen, denn damit verstärken Sie sie.

Ihre Genesung von einer sozialen Verletzung können Sie beschleunigen, indem Sie Ihrem Gefühl eine Portion Vernunft entgegensetzen. Auch wenn es manchmal scheint, als ob unsere Emotionen so mächtig sind, dass wir kaum etwas gegen sie ausrichten können – tatsächlich sind wir nicht gezwungen, in bestimmter Weise zu empfinden. Wir können Einfluss darauf nehmen, indem wir die Situation neu bewerten. Oft reicht es schon, mit einem Menschen zu sprechen, der die nötige Distanz hat und uns eine andere Sichtweise vermittelt. Der z.B. sagt: »Nimm das nicht so tragisch, die ist doch nur neidisch auf deine Erfolge.« Oder: »Das hat nichts mit dir zu tun, zu anderen ist er genauso.« Oder: »Sieh es einfach als ein Stück Lebenserfahrung an. Nächstes Mal reagierst du souveräner.«

Vorsicht, emotionale Ansteckungsgefahr!

Sollten alle Bemühungen, wieder ins Gleichgewicht zu kommen, nichts nutzen, könnte auch dies der Grund sein: Sie haben sich bei Ihrem Gegenüber ein emotionales Virus eingefangen.

Sobald sich zwei Menschen begegnen, findet ein geheimer Austausch statt. Während wir auf der bewussten Ebene miteinander kommunizieren, läuft parallel dazu eine unterbewusste Wahrnehmung ab. Neurowissenschaftler sprechen vom »oberen« (bewussten) und »unteren« (unbewussten) Pfad«[7]. Auf dem unteren Pfad tauschen wir vor allem unsere Gefühle und Befindlichkeiten aus.

Wenn Sie sensibel und offen für Eindrücke sind, kann es passieren, dass Sie ohne es zu merken die negativen Empfindungen Ihres Gesprächspartners übernehmen. Bestimmt haben Sie das selbst schon erfahren. Nach der Begegnung mit manchen Menschen fühlen Sie sich ausgelaugt, gelähmt, gereizt oder müde, ohne dass Sie sich über unangenehme Themen unterhalten haben. Man bezeichnet solche Leute als »Energie-Vampire«. Den Ergebnissen der Forschung entsprechend sollte man vielleicht besser von »Frust-Übertragern« sprechen.

Die folgenden Anzeichen können ein Hinweis darauf sein, ob Sie bei einer Begegnung die Emotionen Ihres Gegenübers übernommen haben:

- Ihre Gedanken und Gefühle entsprechen nicht dem, was Sie normalerweise denken und fühlen. Sie kommen Ihnen fremd vor, wie aufgepfropft.
- Sie fühlen sich von Ihren Gedanken und Gefühlen wie »besessen«. Es gelingt Ihnen nicht, sich davon zu lösen.
- Ihre Gefühle nach dem Gespräch stehen in starkem Kon-

trast zu denen, die Sie vor dem Kontakt hatten. Z. B. waren Sie guter Laune und optimistisch – plötzlich sehen Sie alles schwarz.

Wie quälend so eine Negativ-Übertragung sein kann, erfuhr ich erst kürzlich am eigenen Leibe:

Nach einem unerfreulichen beruflichen Gespräch lief ich tagelang neben der Spur. Ich war deprimiert und hatte düstere Gedanken, die mir bisher völlig fremd waren. Das negative Gefühl klebte wie Pech an mir. Zufällig bekam ich in dieser Zeit ein Buch auf den Schreibtisch, das sich unter anderem mit dem Phänomen der emotionalen Ansteckung befasste. Plötzlich fiel es mir wie Schuppen von den Augen: Das negative Gefühl war gar nicht meins – ich hatte es unterschwellig von meiner Gesprächspartnerin übernommen. Tatsächlich war mir bekannt, dass sie eine von Ehrgeiz zerfressene, unzufriedene Frau war, die jeden ablehnte, der erfolgreicher war als sie. Im gleichen Moment, als ich erkannte, dass ich ihr verbittertes Grundgefühl aufgenommen hatte, war meine niedergedrückte Stimmung weg. Ich hätte singen und tanzen können – ich war endlich wieder ich selbst! Mit einem Schlag waren mein Optimismus und mein Selbstwertgefühl wieder da. Zurück blieb nur der Entschluss: »Mit dieser Frau will ich nie mehr etwas zu tun haben.«

Vermutlich reicht auch Ihnen schon die Erkenntnis, dass es sich nicht um Ihr eigenes Gefühl handelt, damit es sich auflöst. Sollte das aber nicht der Fall sein, unterstützt Sie vielleicht eines der folgenden Rituale. Unser Unterbewusstsein reagiert nämlich auf Bilder und Vorstellungen:

- Gehen Sie unter die Dusche. Stellen Sie sich vor, Sie waschen mit dem Wasser alles Negative ab. Es verschwindet auf Nimmerwiedersehen im Abfluss.

- Stellen Sie einen Stuhl vor sich hin und setzen Sie in Ihrer Phantasie die Person darauf. Sagen Sie ihr: »Ich gebe dir (Ihnen) deine (Ihre) negativen Gefühle zurück.«
- Weihrauch spricht man eine den Geist reinigende Wirkung zu. Verbrennen Sie etwas von dem duftenden Harz im Raum.
- Schließen Sie die Augen und stellen Sie sich vor, wie goldenes Licht durch Sie hindurchfließt und Sie umhüllt.

Wenn nicht das, dann etwas Besseres!

Ob nun aus objektiven Gründen oder weil uns jemand persönlich ablehnt – es ist immer unangenehm, wenn die Dinge nicht so laufen, wie wir es uns wünschen. Ein wunderbares Heilmittel ist das Prinzip Hoffnung. Die Wirkung beruht auch hier darauf, dass unsere Gedanken unsere Gefühle beeinflussen. Bei den Bach-Blüten, einer der Homöopathie ähnlichen Medizin, gibt es die »Notfall-Tropfen«. Sie sollen ganz schnell bei Schocks und Unglücksfällen wirken. Ich möchte Ihnen hier mentale Notfall-Tropfen weitergeben, die hervorragend helfen, eine Enttäuschung zu relativieren. Sagen Sie sich: Wenn ich das hier nicht bekomme, dann wartet sicher etwas viel Besseres auf mich.

Überlegen Sie doch bitte: Wie oft in Ihrem Leben hat es sich im Nachhinein als gut herausgestellt, dass sich ein Wunsch nicht erfüllt hat? Bestimmt haben Sie damit schon einige interessante Erfahrungen gemacht.

Vielleicht ähnlich wie Elisabeth. Die 35-jährige Krankenschwester bewarb sich um eine Wohnung in der Nähe der Klinik, in der sie arbeitete. Als sie die nicht bekam, war sie sehr enttäuscht. Monate später erfuhr sie zufällig, dass über dieser Wohnung eine schwerhörige alte Dame wohnte, die

die Mieter unter ihr mit lautem Fernsehen terrorisierte. Elisabeth war heilfroh, dass sie dort nicht eingezogen war.

Erst im Nachhinein werden Sie wissen, ob der Fehlschlag nicht Ihr Glück war. Und eines haben Sie ohnehin gewonnen: Sie haben gestrahlt und nicht gebettelt. Sie haben es unter Umständen sogar geschafft, Ihr Leuchten nicht von einem Fiesling auslöschen zu lassen. Damit haben Sie Ihrer Selbstachtung den besten Dienst erwiesen.

Kapitel 3: Finden Sie sich schön, dann tun es auch die anderen

Vor kurzem interviewte mich eine Journalistin für ein Kosmetikbuch. Ihre erste Frage lautete: »Was ist eigentlich Schönheit?« Damit brachte sie mich ganz schön ins Schleudern. Das auf Anhieb zu beantworten ist gar nicht so einfach. Schon die antiken Philosophen versuchten, eine Definition zu finden, indem sie nach Idealmaßen fahndeten. Heute beschäftigt sich ein ganzer Wissenschaftszweig damit. In der Attraktivitätsforschung werden dazu Fotos realer Personen am Computer bearbeitet und den Probanden zur Begutachtung vorgelegt. Ergebnis: Menschen, deren Gesicht und Körper symmetrisch sind, gelten durch die Bank als besonders schön. Der Verhaltensforscher und Evolutionsbiologe Karl Grammer nennt neben diesem Kriterium noch »Jugendlichkeit«. Sie zeigt sich im Zustand von Haut, Haaren und in der Bewegung.[8]

Trotzdem sind Gleichmaß und Jugend nicht alles. Unsere Vorstellung von Schönheit hängt ebenso von den aktuellen Wertvorstellungen und Idealen ab.

Was eine Gesellschaft als schön empfindet, hat, bis auf Symmetrie und jugendliches Erscheinungsbild, keine allgemeine Gültigkeit. Dabei ändert sich das jeweilige Ideal nicht nur im Laufe der Zeiten, sondern unterscheidet sich auch noch zwischen den Kulturen.

Finden Sie etwa ein Doppelkinn und einen Kugelbauch

schön? Vielleicht nicht Ihr Geschmack, aber in der Renaissance war es das absolute Schönheitsideal. Und was ist mit spitz gefeilten Zähnen? Oder einer Unterlippe, die durch eine Holzscheibe auf Tellergröße gedehnt ist? Andere Völker beurteilen das jedenfalls als äußerst attraktiv.

Das Schönheitsideal wird von der vorherrschenden Mode diktiert, die wiederum von gesellschaftlichen und wirtschaftlichen Bedingungen beeinflusst wird.

Vielleicht sind Sie jetzt schon ein bisschen ungeduldig und sagen: »Ist ja alles ganz interessant, aber was hat das mit *meiner* Schönheit zu tun?« Sehr viel. Das aktuelle Ideal ist der Hintergrund, vor dem Ihr Aussehen beurteilt wird und an dem Sie es selbst messen. Und das beginnt schon früh: Eine kürzlich durchgeführte internationale Studie ergab, dass 58 Prozent aller 15- bis 17-jährigen Mädchen ein Problem damit haben, sich angesichts des heutigen Schönheitsideals attraktiv zu finden. 92 Prozent würden gerne etwas an ihrem Äußeren ändern. 21 Prozent könnten sich dabei sogar einen chirurgischen Eingriff vorstellen.[9]

Doch nun soll es ganz konkret um Sie gehen. Werfen wir doch mal einen Blick auf Ihre äußeren Voraussetzungen. Ich habe dazu einen Test entwickelt, mit dem Sie sich zum Start einmal von Kopf bis Fuß durchgehen können.

Der Schönheits-Check
Bitte geben Sie sich für jedes unten genannte Körperteil eine Note von 1 bis 6.

Note 1: Finde ich richtig schön.
Note 2: Schön, aber ich bin nicht hundertprozentig
   zufrieden.
Note 3: Guter Durchschnitt.

Note 4: Ich bin unzufrieden.
Note 5: Ich bin sehr unzufrieden.
Note 6: Schrecklich!

Tragen Sie bitte hier Ihre Note ein:
Haare:
Augen:
Nase:
Mund:
Ohren:
Kinn:
Zähne:
Gesichtshaut:
Gesichtsform:
Hals:
Brust:
Oberarme:
Hände:
Bauch:
Hüfte:
Taille:
Po:
Oberschenkel:
Beine:
Füße:

Auswertung:
Zählen Sie nun zusammen: Wie oft haben Sie sich die folgende Note gegeben:
1: __mal, 2: __mal, 3: __mal, 4: __mal, 5: __mal, 6: __mal.

Auflösung:

Das Ergebnis ist ein bisschen anders, als Sie vielleicht erwarten. Mit diesem kleinen Check wollte ich nämlich nicht überprüfen, wie schön Sie sind, sondern wie liebevoll Sie sich selbst beurteilen.

Je häufiger Sie sich die Noten 4, 5 und 6 gegeben haben, desto eher ist zu vermuten, dass Sie mit sich selbst im Hinblick auf Ihr Äußeres hart ins Gericht gehen. Offenbar messen Sie sich an einem perfekten Ideal, und damit besteht die Gefahr, dass Sie sich zumindest teilweise selbst abwerten.

Vielleicht wenden Sie jetzt ein: Ich beurteile mich gar nicht zu hart, ich bin mir gegenüber nur ehrlich. Meine Haare sind dünne Fusseln, ich habe Schlupflider und einen faltigen Hals. Meine Oberarme sind schlaff und mein Hintern ist zu dick. Warum sollte ich diesen Körperteilen also Bestnoten geben? Das wäre doch purer Selbstbetrug.

Entwickeln Sie ein positives Selbstbild

Selbst wenn es berechtigt sein sollte, schadet Ihnen ein hartes Selbsturteil. Indem Sie bestimmte Teile Ihres Körpers ablehnen, beeinträchtigt das indirekt Ihre Schönheit: Sie strahlen aus, dass Sie sich unattraktiv finden. Unterschwellig senden Sie pausenlos entsprechende Botschaften an Ihre Umgebung, vor allem über Ihre Körpersprache. Etwa indem Sie längeren Blickkontakt vermeiden, den Kopf eher senken als ihn selbstbewusst zu heben, unsicher an Ihrem Schmuck nesteln oder die Arme vor der Brust verschränken. Auch verbal kommt Ihr negatives Selbstbild rüber. Indem Sie Komplimente abwehren, statt sich lächelnd dafür zu bedanken. Oder indem Sie ungefragt auf Ihre vermeintlichen Schwachstellen hinweisen: »Solche Schuhe kann ich mit meinen hässlichen Füßen leider nicht tragen.« Früher oder später zeigt Ihre Botschaft Wirkung. Am Anfang halten die anderen vielleicht noch höflich dagegen, aber schließlich übernehmen sie Ihr Selbstbild und behandeln Sie entsprechend. Damit haben Sie eine sich selbst erfüllende Prophezeiung in Gang gesetzt: Weil Sie sich nicht schön finden, tut es auch Ihre Umgebung nicht. Und das wiederum bestätigt Ihnen, dass Sie nicht schön sind. Na bitte, Sie haben es ja gleich gewusst!

Die gute Nachricht: Was im Negativen funktioniert, funktioniert auch im Positiven. Sobald Sie sich selbst lieben und wie eine Frau auftreten, die sich attraktiv findet, werden Sie auch so gesehen, selbst wenn Sie objektiv Ihre Schwächen haben. Es lohnt sich also, an einer neuen Selbsteinschätzung zu arbeiten. Sie ist das A und O Ihrer Schönheit. Fangen Sie doch gleich damit an.

Verbünden Sie sich mit Ihrer inneren Kritikerin

Nehmen Sie sich bitte noch einmal die Checkliste vor. Jetzt kommt nämlich der zweite Durchgang:

Setzen Sie jede Ihrer Noten höher: Wenn Sie sich die Noten 1, 2, 3 oder 4 gegeben haben, korrigieren Sie jeweils um einen Punkt, die Noten 5 und 6 um zwei Punkte nach oben.

Haben Sie sich z. B. für »Haare« eine Vier gegeben, dann ändern Sie das jetzt in eine Drei. Haben Sie sich für Ihre Oberschenkel eine Sechs gegeben, dann wird daraus nun eine Vier.

Während Sie Note für Note verbessern, horchen Sie in sich hinein, was sich dabei in Ihnen abspielt. Wahrscheinlich meldet sich eine innere Stimme, die sich heftig gegen die mildere Beurteilung wehrt. Sie sagt etwa: »Dein Pferde-gebiss soll Note 2 kriegen? Du spinnst wohl!« »Mach dir doch nichts vor, die Cellulite-Dellen in deinen Oberschen-keln sind einfach grässlich.« Wer da spricht? Ihre innere Kri-tikerin.

»Innere Kritikerin« ist der Name für einen bestimmten Persönlichkeitsanteil. Wir haben nicht nur zwei Seelen in der Brust, sondern ein ganzes »inneres Team« von verschie-denen Persönlichkeitsanteilen. Wie wichtig die im Einzel-nen sind, wer von ihnen sich überwiegend in den Vorder-grund spielt oder wer selten zum Zuge kommt, ist bei jedem Menschen unterschiedlich. Die Chefin dieses Teams ist das »Ich«, unser rationales Bewusstsein. Wie in jedem Büro kann die Vorgesetzte den Mitarbeitern lax alles durchgehen lassen oder dafür sorgen, dass sie sinnvoll eingesetzt werden.

Die »Team-Mitglieder« erfüllen bestimmte Aufgaben bei der Bewältigung unseres Lebens. Da gibt es etwa die »Vor-sichtige«, die aufpasst, dass wir nicht leichtsinnig werden. Oder die »Disziplinierte«, die dafür sorgt, dass wir unsere Arbeit auch zu Ende bringen, die »Lässige«, die auf Entspan-nung achtet, oder die »Diplomatin«, der viel an Harmonie liegt. In bestimmten Situationen melden sie sich zu Wort und nehmen über unsere Gedanken Einfluss auf unser Han-deln. Manchmal liegen sie auch im Clinch miteinander und streiten sich um die Vorherrschaft.

Grundsätzlich gibt es keine guten oder schlechten »Team-Mitglieder«. Von Hause aus erfüllt jedes eine nützliche Funk-tion. Je nach seiner Position möchte es schützen, warnen, motivieren, unterstützen, für notwendige Anpassung, Liebe, Kontakt oder Erholung sorgen.

Manchmal allerdings übertreibt es ein »Team-Mitglied«

und schadet uns damit ungewollt mehr, als dass es nützt. Zum Beispiel: Überängstlich bremst uns die »Vorsichtige«, eine berufliche Chance wahrzunehmen. Oder die »Diplomatin« verhindert vor lauter Harmoniesucht, dass wir notwendige Grenzen setzen.

Die »innere Kritikerin« hat im Team die positive Aufgabe, uns zum Besten anzuspornen. Meist übt sie die auch sinnvoll aus. So rät sie Ihnen z. B. beim Schreiben eines Protokolls: »Da musst du nochmal nachfragen, sonst schreibst du am Ende etwas Falsches.« Oder sie sagt Ihnen vor dem Spiegel in der Umkleidekabine unverblümt: »In diesem grünen Kleid siehst du aus wie die Försterliesel.« So weit, so nützlich. Nur besteht bei der inneren Kritikerin die Gefahr, dass sie, einmal in Fahrt, blindlings alles niedermacht, was ihr nicht gefällt, und damit unser Selbstwertgefühl mindert. Bei Frauen richtet sie ihre Kritik mit Vorliebe auf das Äußere. Da legt sie die Messlatte meist so hoch, dass nur noch Supermodels darüber springen können.

Wenn Sie Ihre innere Kritikerin in die Schranken weisen wollen, müssen Sie schon echte Überzeugungsarbeit leisten, denn sonst gibt sie keinen Deut nach. Immerhin ist sie guten Argumenten zugänglich. Deshalb möchte ich Ihnen diejenigen vermitteln, mit denen Sie sie am besten beeinflussen können:

Argument Nr. 1: Gestern ist vorbei

Ihre innere Kritikerin begleitet Sie schon viele Jahre. Seitdem Sie die erste negative Bemerkung über Ihr Aussehen gehört haben, führt sie eifrig Protokoll. Im Laufe der Zeit hat sich da einiges angesammelt. Zum Beispiel das Lästern Ihrer Mitschülerinnen im Sportunterricht über Ihre kurzen Beine. Oder der Satz, den Ihr heimlicher Schwarm damals auf der

Party zu einem Freund sagte: »Die sieht doch bescheuert aus.« Auch jede unausgesprochene Ablehnungen ist registriert, etwa als sich im Feriencamp alle Jungs in Ihre hübsche Freundin verliebten und Sie sich wie das fünfte Rad am Wagen fühlten. Insgesamt haben frühe Erfahrungen Ihre Wahrnehmung über Ihr Äußeres geprägt – und die ist teilweise bis heute wirksam. Emotional sehen Sie sich immer noch mit Babyspeck, Zahnspange oder Pubertätspickel, obwohl Sie sich längst verändert haben.

Falls Sie von einem alten Selbstbild beeinflusst werden, ist es höchste Zeit zu erkennen, dass es überholt ist. Zumal es oft sogar damals schon total falsch war. Vielleicht waren Sie ja gar nicht unattraktiv, sondern man hat Sie aus ganz anderen Gründen abgewertet. Zum Beispiel aus Eifersucht. Eine Klientin erzählte mir, dass ihre Mutter sie wegen ihrer zarten, hellen Haut verächtlich »Bleichgesicht« nannte und ihr damit vermittelte, sie sei hässlich.

Möglicherweise entsprachen Sie auch nur nicht dem damals aktuellen Schönheitsideal. Monika Bleibtreu, eine großartige Schauspielerin mit einem attraktiven, lebendigen Gesicht und schönen Augen, hat es so erlebt. Zu Beginn ihrer Karriere stellte ein Intendant die damals 19-Jährige bei ihrem Bühnendebüt mit den Worten vor: »Ich habe ein Talent engagiert, vor dem man niederknien müsste. Aber ich habe in meinem Leben noch nie etwas so Hässliches gesehen.« Dieser Satz hat sie schwer getroffen. Ebenso wie die harschen Worte ihrer ersten Schauspiellehrerin, Monika müsse schon sehr begabt sein, denn »wer kann schon zwei Stunden in so ein Gesicht schauen«. Im Nachhinein findet Monika Bleibtreu, sie sei eigentlich ganz hübsch gewesen. »Sehr apart, nur fremdländisch eben. Wegen der sizilianischen Vorfahren. Und nicht in die damalige Zeit passend.«[10]

Zu schade, wenn Sie heute noch an den Folgen von falschen, gemeinen oder negativen Äußerungen leiden. Überlegen Sie doch mal: Rein physisch sind Sie schon längst nicht mehr die von damals. Jede Zelle Ihres Körpers hat sich inzwischen mehrfach erneuert. Höchstwahrscheinlich tragen Sie auch nicht mehr die gleiche Frisur oder den gleichen Kleidungsstil. Warum sollten Sie dann immer noch die gleiche Meinung über sich im Kopf haben, sich immer noch als »Bohnenstange«, »Fettklops«, Mauerblümchen oder hässliches Entlein sehen? Sagen Sie Ihrer inneren Kritikerin: Schluss mit den ollen Kamellen. Damit sie es auch wirklich kapiert: Schreiben Sie jede Kränkung von früher auf, an die Sie sich erinnern. Streichen Sie sie dann mit dickem Filzstift durch und schreiben Sie daneben: Das ist vorbei!

Argument Nr. 2: Schönheit in den Medien ist künstlich
Ihre innere Kritikerin weiß natürlich über das gängige Schönheitsideal bestens Bescheid und vergleicht Sie gerne damit. Erklären Sie ihr, dass die Vorbilder, wie sie in den Medien täglich vermittelt werden, auf einer Täuschung beruhen.

Wir wissen es alle, aber irgendwie kommt es beim Blättern durch ein Modemagazin nicht in unserem Bewusstsein an: Was Sie da sehen, sind Kunstwesen. Bei Modeproduktionen für Zeitschriften habe ich es selbst erlebt. Durch die Tür kamen blässliche junge Mädchen, nach denen sich auf der Straße ganz gewiss keiner umdreht. Erst nachdem sich eine Make-up- und Hairstylistin mindestens drei Stunden darum gekümmert hatte, kam Glamour rüber. Schließlich gibt ja sogar Supermodel Cindy Crawford freimütig zu: »Wenn ich morgens in den Spiegel schaue, sehe ich auch nicht aus wie Cindy Crawford.«

Das gilt auch für Film- und Popstars, die ebenso gerne als Vorbilder genommen werden. Sehen Sie sich doch nur mal unzensierte Paparazzi-Schnappschüsse an. Kaum zu glauben, dass die Frauen, die sonst glamourös über den roten Teppich stöckeln oder auf Videoclips so toll aussehen, mit diesen unscheinbaren Graumäusen identisch sind.

Hinzu kommt noch, dass man dank der Technik Fotos am Computer bearbeiten kann. In den Bildredaktionen zieht man problemlos Beine lang und lässt Falten oder Pickel komplett verschwinden.

Ich darf Ihnen versichern: Egal, wie Sie aussehen – unter diesen Bedingungen macht ein Modefotograf auch aus Ihnen einen Star. Geben Sie deshalb Ihrer inneren Kritikerin den Slogan weiter, der vor einer Weile auf Plakaten in The Body Shop hing: »Nur ein Dutzend Frauen sehen aus wie Supermodels, Millionen tun es nicht.« Das rückt einiges zurecht.

Falls das jetzt so klingt, als hätte ich etwas gegen schicke Vorbilder in Hochglanzmagazinen, dann möchte ich das hier gleich klarstellen: Ich finde sie sehr anregend. Man kann sich gute Stylingtipps abgucken. Und ein Blick auf die schlanken Models hilft mir persönlich dabei, dass ich nicht die ganze Tafel Schokolade auf einmal nasche, sondern nur die halbe. Aber sich ein bisschen etwas abzuschauen oder es als komplettes Vorbild zu nehmen, ist ein himmelweiter Unterschied: Das eine verschönt Sie im Sinne des derzeit geltenden Ideals, das andere macht Sie unglücklich.

Argument Nr. 3:
Die Funktion ist wichtiger als das Aussehen

Eines der besten Argumente für einen weicheren Blick stammt ausgerechnet von den Männern. Untersuchungen

haben ergeben, dass Männer ihren Körper weniger unter äs-
thetischen Gesichtspunkten betrachten als vielmehr unter
dem Blickwinkel: Funktioniert er? Was ermöglicht er mir?

Vermitteln Sie Ihrer inneren Kritikerin diese Sichtweise:
Ihre Hände, die sie zu breit findet, können streicheln oder
Klavier spielen. Ihre kurzen Beine tragen Sie bestens durch
den Tag. Mit Ihren kleinen Augen nehmen Sie das Lächeln
Ihres Kindes und den wunderbaren Sonnenuntergang wahr.
Grund genug, den geschmähten Körperteilen richtig dank-
bar zu sein.

Hier ist eine Übung dazu: Schließen Sie die Augen und
konzentrieren Sie sich auf denjenigen Teil Ihres Körpers,
den Sie nicht sonderlich schätzen. Senden Sie ihm ein wohl-
wollendes Lächeln. Bedanken Sie sich bei dem Körperteil,
dass er so treu seinen Job macht, obwohl Sie die meiste Zeit
an ihm herummeckern. Fragen Sie bei der Gelegenheit auch
gleich mal nach, was Sie für ihn tun können. Vielleicht eine
kleine Massage? Gesünderes Essen? Sport? Eine fröhlichere
Mimik? Gönnen Sie ihm das.

Wenn Sie diese Übung regelmäßig machen, wird sich all-
mählich etwas in Ihnen verändern. Liebe und Dankbarkeit
lassen wenig Platz für gnadenlose Perfektion.

Wirkt es schon?

Ihre innere Kritikerin hat die Argumente hoffentlich gut
aufgenommen. Fragen Sie sie doch einfach mal, so als ob sie
eine lebende Person wäre: »Siehst du mich jetzt mit liebe-
volleren Augen?« Vermutlich ist sie zumindest wesentlich
milder gestimmt als vorher. Vor allem dürfte sie eingesehen
haben, dass die innere Einstellung für Ihre Attraktivität
enorm wichtig ist.

Trotzdem könnte noch der Einwand kommen: »Das mag

ja alles stimmen, aber man darf sich die Dinge auch nicht schönreden.« Das sollen Sie auch nicht. Es wäre naiv von mir zu sagen: »Wie Sie aussehen, ist völlig egal, Hauptsache, Sie mögen sich.« Wir sind nun mal keine blinden Maulwürfe, sondern von optischen Eindrücken geprägte Wesen. Und es gibt genügend Untersuchungen, die belegen, dass attraktive Menschen erfolgreicher sind.

Sich freundlich zu beurteilen heißt nicht, die Tatsachen zu leugnen. Doch sobald Sie die Realität liebevoll betrachten, gehen Sie anders damit um. Sie hadern nicht mehr mit dem, was Sie nicht ändern können, wie z. B. Ihre Gesichtsform oder Ihre Schuhgröße. Außerdem machen Sie sich nicht mehr hoffnungslos nieder: »Ich habe so stämmige Beine«, sondern sagen sachlich: »Ich habe starke Waden, deshalb muss ich dafür die beste Kleidung finden.« Mit dieser aktionsorientierten Sichtweise können Sie gelassen ein wirkungsvolles Programm für ein attraktiveres Aussehen starten.

Und so bauen Sie auf der Grundlage der Selbstliebe Ihre Vorzüge aus und kompensieren Ihre kleinen Schwächen: *Machen Sie sich schön.*

Streichen Sie Ihre Pluspunkte heraus

Zu jedem Minus gibt es auch ein Plus. Wenn Sie bisher wie das Kaninchen vor der Schlange auf Ihre Schwachstellen gestarrt haben, ist Ihnen wahrscheinlich das Bewusstsein für Ihre äußeren Stärken verloren gegangen. Das gilt es jetzt wiederzugewinnen:

Machen Sie eine ausführliche Liste Ihrer Schokoladenseiten. Was ist alles schön an Ihnen? Womit sind Sie zufrieden? Falls Ihnen nichts einfällt oder Sie unsicher sind, fragen Sie gute Freundinnen. Und dann bitte nicht gleich bescheiden abwiegeln: »Och, so doll ist das ja nun auch nicht.« Nehmen Sie den Hinweis dankend an und notieren Sie ihn.

Im nächsten Schritt schauen Sie, was von Ihrer Schoko-Liste in der Nähe einer Schwachstelle liegt und sie ausgleichen könnte. Überlegen Sie, wie Sie hier mit Mode oder Make-up einen Schwerpunkt setzen können: Sie haben keine schöne Nase, aber einen tollen Mund – betonen Sie ihn mit rotem Lippenstift. Sie haben kräftige Oberarme, aber schöne Hände – setzen Sie mit auffälligem Schmuck einen Akzent.

Verwandeln Sie Mängel in Markenzeichen

Sie können auch genau die Gegenstrategie fahren, nach dem Motto »Angriff ist die beste Verteidigung«. Statt von dem fraglichen Körperteil abzulenken oder ihn schamhaft zu verstecken, setzen Sie noch eins drauf und betonen ihn bewusst.

Kürzlich las ich ein Interview mit Nana Mouskouri, einer der erfolgreichsten Sängerinnen der Welt. Ihr Hingucker ist eine große schwarze Brille. Prompt sprach sie der Reporter darauf an: »Rückblickend war es Ihre Brille, die zu Ihrem Markenzeichen wurde und Ihren Weg nach oben erst ermöglichte: Sie wurden wiedererkennbar.« Die Sängerin erklärte ihm: »Damals war ich einfach kurzsichtig, ich trug eine Brille, ohne sie fühlte ich mich unwohl. Also suchte ich mir ein Modell, das zu mir passte, trug es – und verteidigte meinen Look gegen jeden guten Ratschlag.«[11]

Also, nur Mut. Sie vertragen keine Kontaktlinsen? Setzen Sie sich statt eines faden, unauffälligen Modells eine richtige Hingucker-Brille auf. Dünne Haare? Lassen Sie sie zu einer raspelkurzen Jean-Seberg-Frisur schneiden. Sie sind ein Vollweib? Bringen Sie sich mit leuchtenden Farben nach vorn, statt sich die Tarnkappe in Grau und Schwarz aufzusetzen. Es kann gut sein, dass Sie mit Ihrem Markenzeichen dann in Ihrer Umgebung sogar zur Trendsetterin werden.

Nicht alle körperlichen Mängel lassen sich kompensieren oder wegmogeln. Es gibt solche, die wirklich belasten, vor allem, weil sie immer wieder negative Reaktionen auf sich ziehen. In dem Fall sollten Sie nicht aushalten, nach dem Motto: »Was mich nicht umbringt, macht mich stärker.« Abstehende Ohren, entstellende Narben, eine Nase, die nicht ins Gesicht zu passen scheint, schiefe Zähne, elefantöse Reiterhosen an den Oberschenkeln – das müssen Sie nicht als gegeben hinnehmen. Faustregel: Wenn die Beeinträchtigung schwerer wiegt als das Risiko einer Operation, dann gehen Sie es an.

Die Filmschauspielerin und Opernsängerin Isabel Hindersin beschreibt in einem Interview, wie sehr ihr ein medizinischer Eingriff geholfen hat. Sie hatte von Kindheit an einen Sehfehler. Ein Auge wanderte, vor allem wenn sie müde war, nach innen. »Diesen Silberblick habe ich hingenommen und mir später, in meiner Arbeit vor der Kamera, Tricks angewöhnt, damit er nicht so auffällt. Ich stand deswegen immer ein bisschen unter Druck. Vor zwei Jahren habe ich das Auge an der Uni-Klinik Gießen operieren lassen. Es war die beste Entscheidung, die ich treffen konnte. Ich bin viel freier, ruhiger und auch sicherer im Umgang mit Menschen – ich sehe die Welt ganz neu.«[12]

Wenn Sie etwas an Ihrem Aussehen sehr quält, dann suchen Sie sich eine kompetente Fachperson und lassen Sie sich umfassend beraten. Möglicherweise beginnt für Sie mit der Korrektur ein leichteres Leben.

Eine Garantie dafür gibt es allerdings nicht. Es kann sein, dass Sie feststellen: Jetzt ist zwar weg, was mich immer gestört hat, aber eigentlich hat sich dadurch in meinem Leben und meinen Beziehungen nicht viel geändert. Die Gefahr besteht vor allem, wenn wir unsere Unzufriedenheit auf unser Äußeres projizieren und glauben: Wenn ich nur schöner wäre, dann wäre ich beliebter, erfolgreicher, hätte einen wunderbaren Partner. Das ist ein großer Irrtum. Der Beweis dafür liegt auf der Hand: Wäre das tatsächlich so, dann müssten alle schönen Frauen glücklich und mit sich zufrieden sein. Sind sie aber nicht.

Fatalerweise führt die Gleichsetzung »makellos schön = endlich glücklich« dazu, dass immer mehr Frauen sich mit Hilfe der Schönheitschirurgie von allem trennen, was nicht ihren Vorstellungen entspricht. Sie gehen mit sich um, als wären sie ein Stück Stoff, das man nach der gerade gültigen Mode beliebig zuschneiden kann.

Vor einiger Zeit lief im Fernsehen die deutsche Version der amerikanischen Doku-Soap »The Swan«. Der Titel war Hans Christian Andersens Märchen vom hässlichen Entlein, das zum Schwan wurde, entlehnt. Mit strahlendem Lächeln führte die Moderatorin durchs Programm. Den Kandidatinnen ging es weniger prächtig. Sie hatten sich für ein dreimonatiges Camp verpflichtet, in dem sie auf ihr äußeres Ideal getrimmt wurden. Dafür sorgten ein Fitnesstrainer und eine Diätberaterin. So weit, so gut. Aber die Hauptsache waren die Schönheitsoperationen, mit denen die Frauen der Norm angeglichen wurden. Fett wurde abgesaugt, die Brüste vergrößert, Zähne und Nasen gerichtet oder was sonst noch vermeintlich im Argen lag. Mit dicken Verbänden und unter großen Schmerzen quälten sich die Teilnehmerinnen bis zum Finale. Schließlich wurden sie dem Publikum vorgeführt, top geschminkt, frisiert, in ein hautenges Abendkleid eingenäht. Ja, sie waren im perfektionistischen Sinne schöner als vorher. Kein flacher Busen, kein schiefer Zahn störte mehr. Aber sie hatten ihre Originalität verloren. Ob sie damit glücklicher werden, wage ich zu bezweifeln. Bei den Interviews, die vorher und zwischendurch mit ihnen geführt wurden, hatte ich den Eindruck, dass es weniger äußere als vielmehr seelische Defizite waren, die ihre Unzufriedenheit verursachten, vor allem fehlendes Selbstvertrauen.

Besonders gut erinnere mich an eine Kandidatin, die in ihrer Freizeit Eishockey in einem Männerteam spielte. Sie beklagte sich darüber, dass sie von den Jungs nur als guter Kumpel wahrgenommen wurde. Der Hauptgrund dafür war ihrer Meinung nach ihr flacher Busen. Mit mehr Oberweite, da war sie sich sicher, würde sie von der Männerwelt eher beachtet. Sie nahm also eine Brustvergrößerung und noch einige andere Korrekturen auf sich, um weiblicher zu erscheinen.

Gut möglich, dass sich ihre Sportsfreunde jetzt tatsächlich darum reißen, ihr die Eishockey-Tasche zu schleppen. Aber sicher nicht wegen ihrer veränderten Körbchengröße, sondern weil sie sich jetzt weiblicher *fühlt*. Und sich deshalb auch so *verhält*! Meiner Ansicht nach hätte sie sich den schmerzhaften Umweg über die Operation sparen können. Die hat nämlich die gleiche Funktion wie ein Talisman: Weil man daran glaubt, dass er wirkt, wirkt er.

Kleider machen Leute schöner

Wie großzügig oder stiefmütterlich die Natur Sie auch bedacht hat, mindestens 50 Prozent Ihrer positiven äußeren Wirkung liegen vollkommen in Ihrer Hand, ohne jede

Schönheitskorrektur: Sie haben die Möglichkeit, Ihre Attraktivität durch Ihre Kleidung zu steigern.

Ein leuchtendes Beispiel dafür ist Diana Vreeland, die legendäre ehemalige Chefredakteurin der amerikanischen »Vogue«. Diana entsprach wahrhaftig nicht den gängigen Schönheitsvorstellungen von Ebenmaß. Sie wusste das und nahm es mit Humor: »Meine Nase und mein Mund waren großartig – im Gesicht meines Vaters!« Grund genug, die eigenen unschönen Züge abzulehnen und Minderwertigkeitsgefühle zu entwickeln? Nicht so bei Diana. Wenn sie schon nicht hübsch war, dann würde sie eben attraktiv sein. Sie entwickelte mit ihrer Kleidung einen ganz eigenen Stil. Der war so anziehend, dass sie als junge Frau bei einer Wohltätigkeitsveranstaltung sogar Carmen Snow, der Chefredakteurin der Modezeitschrift »Harper's Bazaar«, auffiel und die sie in ihr Redaktionsteam aufnahm. Diana machte sich selbst zu einer reizvollen Persönlichkeit, gerade über ihr Äußeres. Übrigens heiratete sie einen der bestaussehenden Männer von New York und führte mit ihm bis zu seinem Tode eine glückliche Ehe.

Sich attraktiv zu kleiden ist heutzutage eigentlich kein Problem mehr. Auch ohne eine persönliche Stylistin, wie sie Hollywood-Stars beratend zur Seite steht, bekommen Sie ausreichend Anleitung. Es gibt kaum eine Frauenzeitschrift, die das nicht im Programm hat. Blättern Sie einfach mal durch. Unter Überschrift »Das kleine Mode-Coaching« lesen Sie etwa: »Ab jetzt in jedem Heft: Ein Trend, viermal anders, vom dezenten Styling bis zum Look für Modemutige«. Und dann folgen Seiten, die Ihnen genau zeigen, welche Schuhe, Handtasche oder Gürtel Sie mit welchem Outfit zu kombinieren haben. Manche Zeitschriften unterteilen ihren Mode-Unterricht sogar noch nach Alter. Dann können Sie nachschauen, wie Sie die Basisteile mit »20+«, »30+« und »40+« zusammenstellen sollten.

Holen Sie sich da gerne Anregungen. Immerhin dürfen Sie dann sicher sein, dass Sie im Trend liegen. Ob Sie mit dem Outfit allerdings tatsächlich schön aussehen und nicht nur modisch, hängt von etwas ab, das Ihnen keine Modezeitschrift abnehmen kann: Ihr Outfit muss Ihrem Wesen entsprechen!

Das ist die ultimative Basis dafür, dass Sie großartig angezogen sind. Falls Sie es nicht glauben, dann machen Sie doch einfach die Probe aufs Exempel: Stellen Sie sich eine gediegene hanseatische Lady in pinkfarbenem T-Shirt mit Mickey-Maus-Aufdruck vor. Oder eine quirlige, lustige Frau in einem strengen, dunkelgrauen Kostüm. Selbst wenn modisch alles korrekt ist, ergibt das keinen wirklich attraktiven Eindruck. Weil das Wesen der Person nicht mit ihrem Outfit übereinstimmt. Sie wirkt verkleidet und löst damit beim Betrachter Irritationen aus.

Nun ist der Kontrast zwischen Persönlichkeit und äußerer Erscheinung ja selten so extrem. Es sind eher die kleinen Fehlgriffe, die das stimmige Gesamtbild stören. Davor ist zunächst wohl kaum eine Frau gefeit.

Ich bin mir inzwischen auf die Schliche gekommen, unter welchen Umständen ich mich bisher gerne modisch vergriffen habe: Wenn etwas an einer anderen Frau toll aussah (live oder in einer Zeitschrift), weil es zu *ihr* passte, habe ich den Effekt auf *mich* übertragen und nach einem ähnlichen Stück gesucht. Auf diese Weise sind zum Beispiel eine nietenbesetzte Lederjacke und spitze rosa Pumps an mir gelandet. Dabei bin ich wesensmäßig weder eine Rockerbraut noch eine Park-Avenue-Prinzessin.

Dass ich mich wieder modisch auf meine individuellen

Eigenschaften besann, habe ich einer guten Freundin zu verdanken. Nach einem Treffen, zu dem ich in einigen meinem Naturell nicht wirklich gemäßen Teilen aufgelaufen war, schrieb sie mir: »Liebe Eva, darf ich dir sagen, du warst schon mal besser angezogen.« Und dann folgten die Details, unter anderem zu den erwähnten rosa Pumps: »Diese Schuhe – never!« Außerdem machte sie mir konkrete Vorschläge, was speziell für mich schön wäre. Zuerst war ich etwas vergrätzt, wer lässt sich schon gerne kritisieren? Aber dann war ich froh, dass sie sich traute, mir ehrlich einen guten Rat zu geben. Ich habe mir ihren Brief in mein Notizbuch gelegt. Er erinnert mich an meinen persönlichen Stil und bewahrt mich davor, mich an Glitzerblusen, wild gemusterten Tops oder Schnürstiefeletten zu vergreifen. Die mögen an anderen schön aussehen – aber nicht an mir. An dieser Stelle dafür noch einmal danke, Roswitha!

Ich möchte Ihnen eine ähnlich gute Freundin sein, auch wenn ich Ihnen als Psychologin keine direkten Styling-Tipps geben kann. Aber ich zeige Ihnen einen Weg, auf dem Sie genauer erfahren, wie Sie wirklich sind. Damit haben Sie die beste Voraussetzung, um durch Kleidung noch schöner zu werden.

Ihr Glück als Wegweiser zum passenden Styling

Sich selbst zu erkennen ist gar nicht so einfach. Unsere Erziehung trägt viel dazu bei, dass wir als Erwachsene nicht mehr so recht wissen, was in unserem Denken, Fühlen und Handeln ursprünglich von uns stammt und was wir im Laufe der Zeit von unserer Umgebung übernommen haben. Sind wir zum Beispiel wirklich so diszipliniert, oder nur, weil wir es auf Grund unserer Familienverhältnisse sein mussten? Ist unsere Vorsicht angeboren, oder liegt es daran, dass wir als

Einzelkind überbehütet aufgewachsen sind? Sind wir tatsächlich so hilfsbereit, oder ist das bloß unser bewährtes Mittel, Anerkennung zu bekommen?

In dieser Verwirrung gibt es eine Methode, mit der wir unser wahres Wesen wiederentdecken: Indem wir herausfinden, was uns glücklich macht. In diesem Punkt kann man sich nämlich nicht selbst belügen. Erziehung, Zwang oder Selbstdisziplin haben hier keinen Zugriff, weil Ihr Glücksgefühl direkt mit Ihrer Seele verbunden ist. Sie können sich darauf verlassen, dass Ihre Glücksmomente verraten, wer Sie wirklich sind.

Überlegen Sie: Wann in Ihrem Leben waren Sie bisher richtig glücklich? Was hat Sie mit einem tiefen, warmen Gefühl von Zufriedenheit und Wohlgefühl erfüllt? Aus dem Meer des Alltags tauchen, sei es spontan oder gezielt gesucht, immer wieder Inseln des Glücks auf, an die man sich noch lange erinnert. Dabei kann es sich sowohl um große, einmalige, als auch um kleine, scheinbar unbedeutende Situationen und Dinge handeln.

Nehmen Sie sich etwas Zeit und schreiben Sie diese Momente in Stichworten auf. Gehen Sie dabei so weit in Ihrem Leben zurück, wie Sie möchten. Das Ergebnis kann etwa so lauten: »Schokoladenpudding bei Oma.« »Spritztour mit Rüdiger auf seinem neuen Motorrad.« »J. S. Bachs Matthäus-Passion in der Kirche.« »Beim Sirtaki in der Taverne auf Kreta.« »Als Mama mir endlich sagte, dass sie stolz auf mich ist.« »In der Monet-Ausstellung.« »Wenn in unserem Garten alles blüht.« »Auf Reisen.« »Als ich nach meiner Rede Standing Ovations bekam.« »Mein erster großer Auftrag.« »Die Geburt unserer Tochter.« »Morgens eine Tasse Tee im Bett.« Und so weiter.

Nun schauen Sie sich Ihre Liste an und fragen Sie sich:

Was haben alle diese glücklichen Momente gemeinsam, oder zumindest die meisten von ihnen? Genießen Sie besonders Ruhe und Stille? Ist es vielleicht das Abenteuer und die Herausforderung? Der Kontakt mit anderen Menschen? Sind es berufliche Erfolge? Geben Ihnen materielle Dinge das Gefühl von Ästhetik, Luxus oder Genuss?

Daraus können Sie ableiten, was für Sie charakteristisch ist. Versuchen Sie, treffende Adjektive oder Bezeichnungen für sich zu finden, die zu dem passen, was Sie glücklich macht. Vielleicht kommt bei Ihnen heraus: »Sensibel und fein.« »Vornehm und taktvoll.« »Extravertiert und kontaktfreudig.« »Natürlich und unkompliziert.« »Exzentrisch und eigenwillig.« »Bescheiden und zurückhaltend.« »Edel und anspruchsvoll.« »Bodenständig.« »Kreativ, Trendsetter.« »Phantasievoll.« »Verträumt-romantisch.« »Locker und offen.« »Ehrgeizig, diszipliniert, erfolgreich.« »Apart, etwas Besonderes.« »Selbstbewusst und zupackend.« »Liebevoll und hilfsbereit.« »Ruhig und besonnen.« »Geheimnisvoll, verführerisch.« »Lebhaft, mutig.« »Luxus, Schönheit.« »Sportlich und ausdauernd.«

Damit haben Sie nicht nur ein gutes Stück Selbsterkenntnis gewonnen, sondern gleichzeitig die Grundlage für Ihren modischen Einkaufszettel. Raf Simons, Modedesigner für Jil Sander, beschreibt es treffend: »Meine Kleider sind Medium meiner Haltung.« Indem Sie zu Ihren Stichworten die passende Kleidung finden, bringen Sie Ihr Inneres mit Ihrem Äußeren in Einklang und erreichen einen attraktiven Gesamteindruck.

Setzen Sie Ihre Persönlichkeit in Mode um

Sie fragen sich jetzt vielleicht etwas ratlos, wie das denn praktisch funktionieren soll. Keine Sorge, Sie müssen keineswegs grübelnd vor dem Kleiderständer im Kaufhaus stehen. Ihre Stichworte aktivieren ganz von selbst Ihre Intuition, und zwar blitzschnell.

Bestimmt kennen Sie noch aus Kindertagen dieses Ratespiel: Einer wird vor die Tür geschickt. Inzwischen einigen sich die anderen auf eine Person in der Gruppe, die derjenige später erraten soll. Dazu darf er reihum nur indirekte Fragen stellen: Z. B. »Wenn diese Person ein Baum wäre, was wäre sie dann?« »Wenn sie ein Tier wäre, was wäre sie dann?« Die Befragten müssen sich dann jeweils das Passende ausdenken. Über Antworten wie »Birke« oder »Katze« findet er schließlich genau die richtige Person heraus.

Machen Sie es mit der Mode wie bei diesem Spiel. Fragen Sie sich: Wie drückt sich mein Wesen als Kleidung oder Accessoire aus?

Angenommen, Ihre Stichworte sind »sensibel und fein«, dann überlegen Sie: Wie sieht ein »sensibler und feiner« Gürtel aus, ein Rock, ein Kostüm, ein Hosenanzug? Dann greifen Sie bestimmt eher nach dem schmalen Ledergürtel mit Silberschnalle als nach dem knalligen roten Lackgürtel, der an der Puppe im Schaufenster so schick aussieht. Oder nach dem eleganten Rock aus Flanell statt nach dem aus rustikalem Tweed, der Ihrer sportlichen Freundin gut steht.

Probieren Sie es einfach aus, Sie werden staunen, wie zielsicher Sie plötzlich wählen. Ist Ihnen die Übertragung Ihrer Persönlichkeit auf Kleidung erst einmal zur Routine geworden, reicht es völlig, dass Sie sich bei einem Kleidungsstück kurz die Frage stellen: »Bin ich das?« Lautet die innere Antwort »Nein«, dann Finger weg – und wenn das Teil objektiv gesehen noch so schön ist!

Vielleicht haben Sie jetzt den Eindruck, Sie würden durch diese Regel zu sehr eingeschränkt. Schließlich fühlen Sie sich ja nicht jeden Tag gleich und haben keine Lust, immer dasselbe anzuziehen. Müssen Sie auch nicht.

Ihr Wesen oder Ihr Naturell ist eine Grundtönung. Natürlich kann die auch mal von einer aktuellen Stimmung überlagert sein. Die kontaktfreudige, lebenslustige Frau hat Liebeskummer und fühlt sich gerade alles andere als witzig. Die Vernünftige ist befördert worden und in übermütiger Champagnerlaune. Wechselnde Stimmungen dürfen Sie gerne in Ihrem Outfit ausdrücken. Schöpfen Sie dazu die Möglichkeiten Ihres Stil-Bereiches aus. Unterschiedliche Farben und Formen geben jede Menge Spielraum innerhalb Ihrer eigenen Klasse. Aber wildern Sie nicht unbedingt in anderen Bereichen, etwa indem Sie sich als »Vernünftige« vor lauter Freude ein quietschbuntes T-Shirt mit witzigem Aufdruck überstreifen. Ein roter Schal würde Ihre gute Laune sicher genauso gut, aber weniger schrill – und damit stimmiger – ausdrücken.

Das klingt alles mächtig nach Arbeit, finden Sie? Keine Sorge, es liest sich nur so. In Wahrheit macht es richtig Spaß. Einen Krimi zu lesen und zu überlegen, wer denn wohl der Mörder ist, ist schließlich auch kein Stress, sondern Vergnügen. Ebenso spannend ist es, herauszufinden, was einen am schönsten macht. Es kann sogar glatt zum Hobby werden.

Ernsthafte Leserinnen wenden jetzt vielleicht kritisch ein, dass sich das ganze Styling-Gerede doch nur um den oberflächlichen schönen Schein dreht und nichts mit seriösem Sein zu tun hat. Das stimmt so nicht ganz. Die positive Wirkung des Sichschönmachens ist wissenschaftlich nachgewiesen. Der japanische Psychologe Masao Yogo etwa hat das im Auftrag des Kosmetikkonzerns Shiseido überprüft. Zuerst setzte er eine Gruppe von Frauen ungeschminkt vor einen Spiegel. Seine Filmaufnahmen zeigen, dass sie sich durchschnittlich 0,9-mal zulächeln. Nachdem sie sich selbst geschminkt hatten, lächelten sie schon bis zu fünfmal. Und achtmal Lächeln war drin für die Arbeit eines professionellen Visagisten. Lächeln wiederum wird vom Gehirn in positive Emotionen umgesetzt. Die Wirksamkeit der äußeren Veränderung wurde dabei auch noch auf andere Weise belegt: Die Stirntemperatur der Probandinnen sank – ein wissenschaftlicher Indikator für körperliches Wohlgefühl.[13]

Schauen Sie sich richtig an

Ich hoffe, Sie haben einige wirksame Argumente und Übungen für Ihre einmalige Schönheit gewonnen. Vielleicht hat Sie schon das bloße Lesen positiv beeinflusst und inspiriert. Manchmal reicht ja ein Satz oder ein neuer Gedanke, damit es im Kopf »Klick« macht und sich etwas grundlegend verändert. Dann antworten Sie auf die Frage: »Finden Sie sich schön?« sofort mit einem überzeugten »Ja«. Meist aber braucht es Zeit, Energie und Beharrlichkeit, um bisher ungewohnte Einsichten wirklich aufzunehmen und in sichtbare Ergebnisse umzusetzen. Die Liebe zu sich selbst, Grundlage Ihrer Schönheit, erscheint nicht auf Knopfdruck, sie muss wachsen. Sie haben also wahrscheinlich noch etwas Arbeit vor sich, um einen liebevollen Blick für sich zu entwickeln und Ihr Äußeres optimal auf Ihr Inneres abzustimmen. Tun Sie es ganz entspannt, in Ihrem persönlichen Tempo. Zum einen, indem Sie sich äußerlich so viel Gutes tun wie möglich, zum anderen, indem Sie freundlich über sich denken und sprechen.

Es lohnt sich auf jeden Fall. Sie werden es an den Komplimenten merken, die immer häufiger kommen. Aber das Beste ist: Auf diesem Wege überrunden Sie sogar sämtliche Naturschönheiten. Weil Sie viel interessanter sind. Zunächst mögen zwar die Beautys mehr Aufmerksamkeit erhalten, aber es gilt noch immer, was der Dichter Bernard Shaw sagt: »Schönheit wirkt auf den ersten Blick angenehm, aber wem fällt sie auf, wenn sie drei Tage im Haus ist?« Sie dagegen sind nicht nur optisch eine attraktive Persönlichkeit, Sie strahlen auch aus, dass Sie mit sich zufrieden sind. Diese Kombination wird garantiert nie langweilig.

Letztlich gilt, was Carla Mülhens, Autorin der Zeitschrift »Glamour«, schreibt: »Nicht vergessen sollten wir vor allem eines: Schönheit ist Ansichtssache. Was bedeutet: Wenn wir uns nicht attraktiv genug finden, haben wir wahrscheinlich einfach nicht richtig hingeguckt.«[14] In diesem Sinne: Sehen Sie bitte richtig hin!

Kapitel 4: Sie sind Liebe wert

Eines mal vorweg: Ihnen steht der liebste, zärtlichste, erfolg-
reichste, schönste Mann zu. Aber jetzt kommt der Pferdefuß:
Sie kriegen ihn nur, wenn Sie davon auch überzeugt sind!
Sonst werden Sie sich in diesem Punkt immer wieder eigen-
händig sabotieren. Anders gesagt: Sie müssen sich erst selbst
erkennen und schätzen, damit Sie einen Prachtkerl anziehen
und nicht nur einen Kompromiss-Mann – oder gar einen
Langeweiler, Chaoten, Geizhals, Ausbeuter, großen Schwei-
ger, Feigling, Faulpelz oder Fremdgänger.

Kennenlernen

Welchen Mann Sie bekommen, sagt immer auch etwas über
Sie aus. Schließlich haben Sie sich genau einen mit diesen
Eigenschaften ausgesucht. Vielleicht wehren Sie sich jetzt
gegen diese Behauptung. »Blödsinn«, sagen Sie empört.
»Glauben Sie wirklich, ich hätte diesen Kerl auch nur von
hinten angeschaut, wenn ich gewusst hätte, dass der mich
betrügt und dann auch noch schamlos anlügt?« Ja, hätten
Sie. Weil Sie schon in den ersten Sekunden wussten, wen
Sie vor sich haben. »Kann gar nicht sein«, widersprechen
Sie. »Als ich ihn kennenlernte, haben wir uns nett über

Urlaubsziele unterhalten, nicht über ethische Grundsätze.« Mag sein, aber wie Sie ja wissen, verläuft jedes Gespräch auf zwei verschiedenen Ebenen, also auch das zwischen potenziellen Partnern. Auf dem »oberen Pfad«, wie Daniel Goleman es nennt, geht es um die Worte und ihre Bedeutung. Derweil findet auf dem »unteren Pfad« ein unterschwelliger Austausch mit nonverbalen Mitteln statt. Aus Mimik, Gestik, Blicken, Atmung und Stimme kombinieren Sie intuitiv Ihr Wissen darüber, wen Sie vor sich haben. Goleman erläutert: »Bei jeder Unterhaltung stellt unser Gehirn extrem komplexe Berechnungen an, wobei die Oszillatoren die Kaskade der verschiedenen Anpassungen am Laufen und uns im Rhythmus halten. Diese Mikrosynchronisation erzeugt Nähe, dank ihrer haben wir Teil an den Empfindungen unseres Gesprächpartners.«[15] Alles klar? Aus dem Fachchinesischen übersetzt bedeutet das: In einem Dialog ohne Worte erkennen wir unser Gegenüber und stimmen ab, ob wir zusammenpassen.

Aber was klären wir denn da eigentlich miteinander? Etwa dass wir uns gerne ausnutzen lassen? Dass wir es lieben, wenn jemand uns ständig Eifersuchtsszenen macht? Dass wir es schätzen, wenn man uns viel alleine lässt oder uns selten sagt, dass man uns liebt? Dass wir einen Mann wollen, der geizig ist oder einen, der sich von seiner Frau versorgen lässt? Es klingt absurd, aber genau so ist der Deal. Jedenfalls, wenn Sie in Ihrer Beziehung nicht glücklich sind.

Vor Jahren stand ein Buch auf den Bestseller-Listen, dessen Inhalt bis heute nicht überholt ist: »Wenn Frauen zu sehr lieben.« Darin beschreibt die Psychotherapeutin Robin Norwood das Phänomen, dass Frauen sich für einen Mann bis zur Selbstaufgabe verzehren und das für die große Liebe halten. Das Motiv ist keineswegs weiblicher Masochismus, sondern ein unbewusster Mechanismus. Frauen, die sich zielsicher immer wieder einen Mann aussuchen, der ihnen schadet, führen damit meist ein Beziehungsmuster fort, das sie schon im Elternhaus entwickelt haben. Sie wählen dabei nicht unbedingt einen Partner, der dem schwierigen Elternteil aufs I-Tüpfelchen gleicht, sondern einen, mit dem sie dieselben Gefühle oder Herausforderungen erleben können, die sie von früher her kennen. Robin Norwood beschreibt das so: »Wir lassen die uns wohlvertraute Kindheitsatmosphäre wieder aufleben und wenden dieselben Manöver an, in denen wir schon so gut geübt sind. Genau das stellt für die meisten von uns Liebe dar.«[16] Es finden sich jeweils zwei zusammen, deren Verhaltensmuster zueinander passen wie die Teile eines Puzzles. Etwa eine Frau, die es gewohnt ist, gebraucht zu werden, und ein Mann, der nach einer Partnerin sucht, die für ihn Verantwortung übernimmt. Oder eine Frau, die die Kontrolle behalten muss, und ein Mann, der ständig versagt. Oder eine Frau, die sich als Märtyrerin sieht, und ein Mann, dessen Identität sich auf Macht und Aggression gründet.

Wenn Sie bisher immer an die Falschen geraten sind, dann ist es Zeit, dafür die Verantwortung zu übernehmen. Auch wenn es hart klingt: Sehen Sie sich keinen Tag länger als Opfer. Diese Männer waren Ihre freie Wahl. Und was Sie bisher ausgelebt haben, ist Ihr altes Muster. Wollen Sie das wirklich weiterführen? Wenn Sie nichts dagegen tun, werden Sie den gleichen Fehler bis in alle Ewigkeit fortsetzen. Ich garantiere Ihnen: Auf der Suche nach dem Prinzen werden Sie dann jedes Mal wieder auf Ihren individuellen Frosch stoßen, egal, in welcher Verkleidung er sich Ihnen zunächst präsentiert.

Bei anderen erkennt man diesen Wiederholungszwang

meist genauer als bei sich selbst. Blättern Sie nur einmal durch Magazine, die sich auf Neuigkeiten über Prominente spezialisiert haben. Mit schöner Regelmäßigkeit stoßen Sie darauf, dass bei denen nach einer schmerzhaften Trennung schon kurz darauf eine Liebschaft folgt, die der ersten punkto Art und Äußeres verblüffend ähnelt.

Das gleiche Muster löst immer wieder die gleichen Probleme aus. Sich schließlich trotzig oder verletzt zu sagen: »Dann bleibe ich eben allein«, ist lediglich das Kontrastprogramm, keine echte Lösung.

Durchbrechen Sie Ihr Muster

Doch wie kommen Sie aus Ihrem alten, schädlichen Verhalten heraus? Zunächst einmal: Verlieben Sie sich nicht!

Ein seltsamer Rat, finden Sie? Sie werden gleich sehen, dass er durchaus Sinn hat. Gehen wir dazu nochmal einen Schritt zurück: Schon bei der ersten Begegnung findet ein heimlicher Informationsaustausch statt – und der hat emotionale Folgen. Wenn Sie auf einen Mann treffen, der zu Ihrem ungünstigen Muster passt wie die Faust aufs Auge, dann fühlt sich das oft wie Verliebtheit an:

• Sie spüren eine unerklärliche Vertrautheit.
• Sie empfinden eine starke Anziehung.
• Sie wollen ihn unbedingt erobern.

Robin Norwood bringt dafür ein Beispiel: Mary Jane liebt ihren Vater und bewundert ihn. In ihrer Kindheit und Jugend hat sie sich sehr um seine Aufmerksamkeit bemüht, aber meist vergeblich. Er hatte selten Zeit und hörte immer nur mit halbem Ohr zu. Als erwachsene Frau lernt Mary auf einer Party den einige Jahre älteren Peter kennen, einen viel beschäftigten Manager. Er zeigt ihr gegenüber die gleiche geistige Abwesenheit, die sie von ihrem Vater gewohnt ist. Mary Jane fühlt sich sofort angezogen und verliebt sich heftig in ihn. Männer, die ihr bereitwillig zuhören, die emotional zugänglicher und herzlicher sind, interessieren sie nicht, die findet sie langweilig.[17]

Wenn Sie Ihrem Muster-Mann begegnen, fahren Ihre Gefühle Achterbahn und Ihr Herz schlägt Salto – doch was Sie jetzt brauchen, ist Ihr kluger Kopf. Misstrauen Sie der spontanen Anziehung.

Prüfen Sie genau und gnadenlos ehrlich, was Sie eigentlich an Ihrem Gegenüber so attraktiv finden. Ist es dieser hilflose Kleiner-Junge-Blick? Ist es das markige Breitschulter-Image: »Baby, ich beschütze dich«? Ist es die riskante Ausstrahlung von Freiheit und Abenteuer? Ist es seine kühle Intellektualität?

Fragen Sie sich als Nächstes: Woher kenne ich das? Mit Sicherheit werden Sie auf eine Urform aus Ihrer Kindheit und Jugend stoßen. Wenn die Ihnen schon damals nicht gutgetan hat, dann sollten spätestens jetzt Ihre Warnlämpchen aufleuchten. Sie sind dabei, wieder in die alte Falle zu tappen. »Aber ich habe mich doch verliebt …«, seufzen Sie, »dagegen kann ich nichts machen.« Doch, können Sie. Solange Sie noch keine gemeinsame Geschichte haben, ist es möglich, rechtzeitig Reißaus zu nehmen und sich emotional abzukühlen. Treffen Sie diesen Mann nicht wieder. Und wenn doch, dann beobachten Sie ihn genau und denken Sie sich sein Verhalten auf keinen Fall schön.

Lassen Sie sich nicht erobern

Sich in einen Mann zu verlieben, der einem nicht guttut, ist nur *eine* Möglichkeit, ein altes Muster zu aktivieren. Ebenso verbreitet ist die Variante, sich passiv erobern zu lassen. Das geschieht meist, wenn Sie keinen Prototypen wie z. B. einen haltlosen Vater oder eine dominante Mutter haben, sondern aus Ihrer Kindheit oder Jugend ein allgemeines Defizit mitbringen. Sie haben etwa verinnerlicht, dass Sie weniger wert sind als andere, dass Sie sich als Frau anpassen müssen, dass Sie unattraktiv sind. Kurz, Sie haben in Bezug auf sich selbst ein tief sitzendes Minderwertigkeitsgefühl entwickelt. (Das kann man übrigens auch haben, wenn man nach außen hin sehr erfolgreich ist.) Aus diesem Grund klinkt sich jeder Mann bei Ihnen ein, der Ihnen signalisiert, dass Sie die tollste Frau der Welt sind und dass er Sie unbedingt haben will.

Miriam, einer jungen Juristin, ging es so. Nach ihrem Studium wurde sie zum Referendariat in eine Kleinstadt versetzt, in der sie niemanden kannte. Weil ihr abends vor Einsamkeit die Decke auf den Kopf fiel, ging sie öfter in eine Weinstube in der Nähe ihres Appartements. Gleich beim ersten Mal wurde sie dort von einem Stammgast angesprochen. Sie fand ihn nicht besonders anziehend, unterhielt sich aber trotzdem mit ihm. Lars war Ingenieur und arbeitete bei der Stadtverwaltung. Bei Miriams nächstem Besuch in dem Lokal setzte er sich gleich zu ihr. Sie fühlte sich nicht wohl dabei, eher überrumpelt. Aber er machte ihr Komplimente und schwärmte, eine so tolle Frau wie sie hätte er hier noch nicht kennengelernt. Das ging Miriam runter wie Öl, zumal sie sich mit ihrer etwas pummeligen Figur nicht für attraktiv hielt. Nach und nach drängte Lars sich immer mehr in ihr Leben. Miriam mochte ihn nicht einmal besonders, aber es beeindruckte sie, dass er sie offenbar so sehr liebte und verehrte. Ihre Gefühle würden sich bestimmt noch entwickeln, redete sie sich ein. Die Beziehung geriet zum Horrortrip. Lars war auf jeden eifersüchtig, der mit Miriam zu tun hatte. Höhepunkt war ein Essen, zu dem Miriam ein paar Freunde zu sich nach Hause eingeladen hatte. Lars betrank sich systematisch und übergab sich mitten auf den Tisch. Er erreichte sein Ziel: Die Freunde verabschiedeten sich sehr schnell. Miriam wischte das Erbrochene auf und dachte endlich darüber nach, mit Lars Schluss zu machen.

Wenn Sie kein besonders ausgeprägtes Selbstbewusstsein besitzen, sind Schmeicheleien, Liebeserklärungen oder Aufmerksamkeiten für Sie ein süßes Gift. Statt überglücklich zu sein, dass sich Ihnen überhaupt jemand widmet, fragen Sie sich: Hätte ich diesen Mann auch von mir aus gewählt? Würde er mir gefallen, wenn er sich nicht für mich interessiert? Lautet die Antwort »Nein«, dann sollten Sie unbedingt Grenzen setzen. Lassen Sie sich niemals aus dem Motiv »Er liebt mich doch so!« heraus auf einen Mann ein. Auch der Gedanke »Einen Besseren finde ich sowieso nicht« ist ein schlechter Ratgeber. Arbeiten Sie stattdessen an Ihrem Selbstbewusstsein. (Eine Anleitung dazu finden Sie ausführlich in meinem Buch: Go! Mehr Selbstsicherheit gewinnen.[18]) Und dann halten Sie Ausschau nach einem Mann, der Ihnen wirklich gefällt.

Vielleicht seufzen Sie jetzt: »Das hört sich alles überzeugend an, aber ich weiß nicht, ob ich es schaffe, mir den Falschen vom Halse zu halten.« Doch, Sie schaffen es. Dafür habe ich Beweise. In meine Praxis kommen oft Frauen, die bisher in puncto Partner danebengegriffen haben. Gemeinsam arbeiten wir unter anderem heraus, vor welchem Typ sie sich auf Grund ihres alten Musters hüten müssen. Manchmal sind meine Klientinnen am Ende der Beratung noch ein wenig unsicher, ob sie den demnächst auch gleich erkennen werden. Ich bin davon überzeugt, sie können es. Aber als »Netz« biete ich ihnen an, sich wieder bei mir zu melden, sobald sie sich verliebt haben. Sie sollen mir dann erzählen, wie sich ihre neue Liebe verhält. Schließlich bin *ich* nicht blind vor Liebe und werde äußerst kritisch hinschauen. Bisher hat keine das Angebot wahrgenommen – womit ich natürlich insgeheim gerechnet habe. Wenn sie wissen, worauf sie achten müssen, schauen sie nämlich selbst genau hin. Ab und zu bekomme ich wunderschöne Hochzeitsfotos mit einem Brief oder einer Karte: »Ich habe endlich den Richtigen gefunden.« Ich freue mich sehr darüber und denke zufrieden: »Na also, geht doch!«

Er macht sich nichts aus Ihnen

Auch wenn Sie kein fatales Muster mit sich herumschleppen und normalerweise einen guten Blick für den passenden Partner haben, kann es Ihnen passieren, dass Sie sich von einem Mann entwertet fühlen: Das erste Treffen mit ihm war wunderbar, und Sie glauben, dass er von Ihnen ebenso beeindruckt war. Jedenfalls haben Sie Ihre Telefonnummern ausgetauscht. Vielleicht haben Sie sogar schon eine Nacht voller Zärtlichkeit oder Leidenschaft miteinander verbracht. Und seitdem – Funkstille. Ständig überprüfen Sie Ihre Handy-Mailbox oder stürzen an Ihren Computer, um nachzusehen, ob er Ihnen eine Mail geschickt hat. Hat er aber nicht. Sie überlegen, ob Sie sich melden sollen.

Zunächst einmal: Sie sind in bester Gesellschaft. Das passiert den schönsten, klügsten, erfolgreichsten Frauen. Und keine Sorge, für diesen Fall gibt es den perfekten Ratschlag, wie Sie sich nicht zum Spielball machen lassen: Interpretieren Sie sein Verhalten richtig.

Im Autorenbüro der TV-Serie »Sex and the City« saßen ein paar Frauen zusammen, um weitere Folgen zu entwickeln. Da nun mal das Leben die besten Geschichten schreibt, landeten sie schnell bei ihren persönlichen Erfahrungen. Eine von ihnen beklagte sich darüber, dass sich der Mann, in den sie sich verliebt hatte, schon länger nicht mehr meldete. Sofort stürzten sich ihre Kolleginnen auf den Fall und analysierten das Verhalten des zögerlichen Herrn nach allen Regeln der Kunst. Heraus kam dabei: »Er ist vermutlich noch nie vorher einer so tollen Frau wie dir begegnet und fühlt sich eingeschüchtert. Du musst ihm Zeit lassen, damit er seine Angst verliert.« In der Damenrunde saß ein einziger Mann, Greg Behrendt. Er war als Berater eingeladen, um aus männlicher Sicht ein Feedback für die Drehbücher zu geben. Offenbar fühlte er sich auch für diese Story zuständig, denn nachdem er eine Weile zugehört hatte, sagte er zu der betroffenen Frau: »Also, für mich klingt das so, als würde der Typ einfach nicht auf dich stehen.« Zunächst waren alle von dieser knallharten Aussage schockiert, doch dann dämmerte ihnen, dass Greg durchaus recht haben könnte. Er machte ihnen nämlich klar, dass es definitiv nichts gibt, was einen geistig zurechnungsfähigen Mann davon abhalten kann, sein Ziel zu erreichen, wenn er in eine Frau verliebt ist.[19] Er sagte: »Mädels, wenn ein Kerl wirklich auf euch steht, dann lässt er es euch wissen. Er ruft an, er kommt vorbei, er will eure Freunde kennenlernen, kann den Blick nicht von euch wenden, und wenn der richtige Zeitpunkt für Sex gekommen ist, ist er mehr als bereit, seine Pflicht zu tun. Es interessiert keinen, ob er am nächsten Morgen um 4.00 Uhr seinen neuen Job als Präsident der Vereinigten Staaten von Amerika antreten muss. Er kommt!«[20].

Glauben Sie nur nicht, phantasievolle Erklärungen für männliche Rückzüge wären die Spezialität von Sex-and-the-City-Autorinnen. Wir Frauen neigen generell dazu, eine praktische oder psychologische Entschuldigung zu finden, wenn ein Mann sich nicht mehr oder nur nach Lust und Laune bei uns meldet.

»Bestimmt hatte er den ganzen Tag wichtige Meetings und konnte deshalb nicht anrufen.«

»Er hat sich noch nicht richtig von seiner Exfreundin gelöst und braucht Zeit.«

»Er hat vermutlich ein Problem mit starken Frauen.«

Unsere Erklärungen müssen nicht einmal falsch sein. Falsch ist nur, dass wir sie als Entschuldigung benutzen. Greg Behrendt hält allen Frauen, die sich weiter belügen wollen, eine liebevolle Standpauke: »Vergesst den Typen und lebt euer Leben, Schwestern! Verschwendet eure Zeit nicht mit unnötigen Dingen. Warum sich mit einer völlig leeren Rendezvous-Flasche herumschlagen, wenn man etwas Besseres bekommen kann? Ihr wollt das nicht hören? Prima. Dann sollt ihr bekommen, was ihr wollt. ›Bleibt wo ihr seid, Kinder. Er ist nicht der Loser, für den ihn alle anderen halten. Wenn ihr nur weiter schön abwartet, den Mund haltet, genau zur richtigen Zeit anruft, seine Launen vorausahnt und keinerlei Erwartungen an Dinge wie Kommunikation und eure eigenen sexuellen Bedürfnisse habt, ist er bestimmt genau der Richtige.‹ Aber fallt bitte nicht aus allen Wolken, wenn er euch eines Tages abserviert oder euch in eine völlig unbefriedigende Beziehung hineinzwingt.«[21] Dem ist nichts hinzuzufügen.

Gehen oder bleiben?

Die Kennenlernphase ist bei Ihnen Schnee von gestern, Sie leben schon längere Zeit in einer unglücklichen Partnerschaft und möchten dafür einen guten Rat? Ich würde Ihnen ja gerne sagen: »Wissen Sie, da gibt es nur eins: Jagen Sie den Kerl zum Teufel!« Vielleicht wäre das im ersten Moment sogar befreiend. Doch abgesehen davon, dass es keineswegs so leicht geht, ist es auch nicht in jedem Fall der beste Weg. Da gibt es nämlich erst einmal etwas zu klären.

Paarberaterin Eva-Maria Zurhorst bringt es auf den Punkt: »Die Ehe ist nicht die Geschenkverpackung für eine Romanze, der wahre Sinn der Ehe ist immer, die inneren Konflikte der beiden Partner ins Gleichgewicht zu bringen.«[22] Die meisten Trennungen und Scheidungen wären überflüssig, wenn das den Partnern wirklich bewusst wäre. Wenn sie erkennen würden, dass ihnen ihre Beziehung die besten Bedingungen für Selbsterkenntnis und positive Veränderung gibt. Innerhalb einer Beziehung können wir zum Beispiel lernen, Verantwortung zu übernehmen, den Mund aufzumachen, wenn uns etwas nicht passt, unsere Sexualität zu entfalten, Wertschätzung und Dankbarkeit zu entwickeln, tolerant zu sein, eigene Defizite zu erkennen und aufzuarbeiten. Eigentlich ein großartiges Programm zur Entwicklung der Persönlichkeit, finden Sie nicht? Sicher erkennen Sie schon an den wenigen aufgeführten Punkten: Wenn das Leben tatsächlich eine Schule ist, wie manche Philosophen meinen, dann ist die Partnerschaft die Abiturklasse. Das Fatale ist nur, dass wir gelernt haben, das anders zu sehen: Im Rahmen einer romantischen Liebe wollen wir kein Lernprogramm, sondern erwarten, dass unser Partner von vornherein perfekt unsere tiefsten Wünsche erfüllt: bedingungslose Liebe, ewige Treue, komplette Unterstützung.

Dass wir diese Forderung so hartnäckig an unseren Partner stellen, liegt auch daran, dass er unsere romantischen Vorstellungen eine Zeit lang tatsächlich erfüllt hat. Als wir verliebt waren, haben wir genau das erlebt, wonach wir uns seit unserer Kindheit sehnen. Nur, diese Phase geht vorüber. Biologen und viele Psychologen halten die weltentrückte Symbiose, die sich Verliebtheit nennt, sogar für einen Trick der Natur, um die Fortführung der Gattung Mensch zu sichern. Fakt ist jedenfalls: Nach dem Hoch folgt garantiert die Ernüchterung. Plötzlich sehen wir die Eigenschaften des anderen nicht mehr im rosaroten Licht, die Schokoladenseite bröckelt. Jetzt stehen wir vor der Wahl. Entweder wenden wir uns enttäuscht ab und begeben uns weiter auf die Suche nach Mr Right, mit hohem Wiederholungsfaktor, oder wir stellen die vorhandene Beziehung auf eine realistische Basis. Und damit beginnt die Arbeit an uns selbst. Das bedeutet nicht, dass Sie als Frau mal wieder die ganze Beziehungsarbeit leisten sollen. Hintergrund ist, dass wir Macht nur über uns selbst haben, also bei uns beginnen müssen. Dabei dient uns der Partner als – um im Bild der Schule zu bleiben – Klassenkamerad, mit dem wir eine gemeinsame Aufgabe zu lösen haben, jeder mit einem eigenständigen Teil.

Wenn Sie z. B. erwarten, dass Ihr Partner Ihre Wünsche erahnt, und beleidigt sind, wenn er danebengreift, dann nehmen Sie sich vor, ab heute den Mund aufzumachen und deutlich zu sagen, was Sie wollen. Spüren Sie dabei die Angst, die Ihnen das neue Verhalten macht. Fragen Sie sich auch, woher sie kommt. Vielleicht durften Sie früher nicht sagen, was Sie wollten. Oder: Wenn Sie es als Bankrotterklärung ansehen, um Hilfe zu bitten, dann üben Sie genau das. Delegieren Sie Aufgaben an Ihren Partner, die Sie sonst immer schnell selbst gemacht haben, weil Sie das am besten konnten. Überlegen Sie auch, wie Sie eigentlich zur Powerfrau geworden sind. Waren Sie eine große Schwester? Mussten Sie schon früh für sich selbst sorgen?

Von Selbsterkenntnissen dieser Art haben Sie einen dauerhaften persönlichen Gewinn, und gleichzeitig kann sich Ihre Partnerschaft dadurch verbessern. Ein Paar ist nämlich ein System. Sobald Sie eine positive Veränderung vornehmen, ist Ihr Partner gezwungen, darauf zu reagieren. Bevor Sie also das Handtuch werfen, sollten Sie das zumindest eine Weile konsequent ausprobieren. Denn auch wenn Sie es im dicksten Clinch manchmal bezweifeln: Ein Mann ist normalerweise kein Monster. Er hat nicht das erklärte Ziel, Sie bewusst zu quälen. Eher haben Sie durch Streit und Missverständnisse inzwischen einen Tunnelblick auf seine negativen Seiten bekommen. Gehen Sie dagegen an, indem Sie sich seine positiven Eigenschaften wieder bewusst machen. Außerdem können Sie in einer Paarberatung lernen, einander besser zu verstehen.

Bitte gehen Sie!

Wenn sich allerdings auf die Dauer kein Erfolg zeigt, egal, wie sehr Sie sich bemühen, wenn Sie sich frustriert, erschöpft und ausgebrannt fühlen, dann ist beharrliches Engagement für die Beziehung offenbar nicht der richtige Weg. Das gilt vor allem, wenn Sie es mit einem Mann zu tun haben, der sich gegen jede Veränderung sträubt. Der es völlig in Ordnung findet, gefühlskalt, krankhaft eifersüchtig oder brutal zu sein. Der nichts dagegen unternimmt, dass er ein Workoholic oder abhängig von Drogen ist. Der Frauen verachtet und nicht erträgt, dass seine Partnerin erfolgreicher ist als er. Der sie vor anderen kleinmacht und mit seelischen Grausamkeiten quält.

Vor kurzem kam Britta, eine junge Ärztin, zu einer Beratung in meine Praxis. Britta ist ein Mensch, der sofort Sympathie weckt, liebenswert, attraktiv, in ihrem Beruf erfolgreich, normalerweise voller Energie und optimistisch. Jetzt allerdings saß sie mir traurig und verstört gegenüber. Sie wusste nicht, ob sie sich von ihrem gewalttätigen Freund trennen sollte. Er rastete schon bei Kleinigkeiten aus und schlug dann zu. Anschließend tat es ihm leid und er bat Britta weinend um Verzeihung.

Britta hatte schon mit allen Mitteln versucht, ihn zu ändern und ihm zu helfen. Sie hatte sich ganz zurückgenommen, damit er keinen Grund zur Wut hatte. Sie war besonders zärtlich zu ihm gewesen, damit er sich genug geliebt fühlte. Sie hatte es mit Bitten und der Drohung, ihn zu verlassen, versucht. Vergeblich. Im Gespräch stellte sich heraus, dass Brittas Mutter Alkoholikerin war und Britta sich schon als kleines Mädchen intensiv um sie kümmern musste. Mit ihrem schwierigen Freund hatte sie sich wieder einen Problemfall ins Haus geholt und schon viel zu lange, bis zur völligen körperlichen und seelischen Erschöpfung, um die Beziehung gekämpft. Ich ermutigte sie, sich zu trennen, weil es nach meiner Erfahrung keine Chance auf eine Veränderung gab.

Warum tun sich Frauen wie Britta das an? Zum einen, weil es für sie ein altbekanntes Muster ist. Zum anderen aber auch, weil sie immer noch die Hoffnung haben, als Gewinnerin aus diesem seelischen Überlebenskampf hervorzugehen. Je mehr seelischen Schmerz wir in der Kindheit erlitten haben, desto stärker ist später unser unbewusstes Verlangen danach, die Vergangenheit zu wiederholen, um sie endlich zu überwinden. Das aber ist eine Illusion. Diesen Kampf kann man nicht gewinnen, man kann nur daran zerbrechen. Eine gefährliche Verlängerung kommt außerdem dadurch zustande, dass wir immer wieder Erklärungen und Entschuldigungen für das Verhalten unseres Partners finden. Die Neigung dazu zeigt sich bereits beim Kennenlernen, aber hier wirkt sie sich noch verheerender aus.

Sehen Sie der Wahrheit ins Auge

Ich könnte Ihnen aus meiner Praxis einen ganzen Aktenord-ner zum Thema »Wie entschuldige ich einen Mann, der mich schlecht behandelt« zusammenstellen. Eine Ursache liegt darin, dass wir Frauen uns von Kindesbeinen an Gedan-ken über die Gefühle anderer Menschen machen. Schon als kleine Mädchen werden wir dazu erzogen, uns zu überlegen, ob wir auch lieb genug waren, niemanden verletzt, übergan-gen oder gekränkt haben. Und wenn doch, dann bitten wir schleunigst um Verzeihung, damit bloß wieder Harmonie herrscht. Kein Wunder, dass wir diese gewohnte und gut ein-gespielte Verhaltensweise später auf unsere Beziehungen zu Männern übertragen.

Dahinter steckt aber noch mehr: Indem wir uns selbst und anderen ausführliche Erklärungen geben, warum »er« ja gar nicht anders handeln kann, vermeiden wir, uns die Wahrheit einzugestehen. Etwa diese: Er interessiert sich gar nicht für mich. Er ist ein Geizhals. Er ist bindungsunfähig. Er ist alkoholkrank. Er nutzt mich nur aus. Er wird mich nie heiraten. Er bleibt nur bei mir, weil ich so bequem für ihn bin.

Das zuzugeben, wäre für unser Selbstwertgefühl der Super-gau. Und genau daran mogeln wir uns mit unseren Erklä-rungen vorbei. Das Schlimme ist nur, dass uns die Selbsttäu-schung schadet. Wir vergeuden eine Menge Zeit und Energie, immer in der Hoffnung, dass er sich noch ändert. Und wir lassen zu, dass unser Selbstbewusstsein dabei schrumpft. Mei-nen Klientinnen rate ich in dem Fall, sich die pure Hand-lung anzuschauen, ohne sie zugunsten des Partners zu inter-pretieren oder sich am Ende gar selbst die Schuld daran zu geben:

Er hat meinen Geburtstag vergessen. (Nicht: Das liegt bestimmt daran, dass man in seiner Familie persönliche Feiertage nicht so wichtig nimmt.)

Er hat mir auf der Party eine Eifersuchtsszene gemacht, weil ich mich mit einem Gast unterhalten habe. (Nicht: Vielleicht habe ich ja wirklich zu lange mit dem geredet und er hat sich ausgeschlossen gefühlt.)

Er trinkt jeden Abend mehrere Flaschen Bier. (Nicht: Er hat im Büro so viel Stress, das braucht er einfach, um runterzukommen.)

Ein bekanntes Gedicht von Erich Fried trägt den Titel: »Es ist, was es ist, sagt die Liebe«. Der lässt sich für unsere Zwecke abwandeln: »Es ist, was es ist – keine Liebe«. An einer vergiftenden Beziehung festzuhalten, um sich zu entwickeln oder bedingungslose Liebe zu lernen, wie es esoterisch orientierte Paartherapeuten gerne vermitteln, ist mit Sicherheit der falsche Weg. Persönliche Entwicklung besteht in dem Fall darin, nicht länger Liebe in ein Fass ohne Boden zu pumpen, und wahre gebende Liebe ist, den Partner mit den unangenehmen Folgen seines Verhaltens zu konfrontieren.

So wie es die Autorin Stefanie Schneider von ihrer Freundin Christina berichtet: Christina, eine attraktive, kluge Frau, war seit vier Jahren glücklich (so glaubte sie!) verheiratet, wollte mit ihrem Mann Kinder. Was sie nicht wusste, war, dass ihr Mann notorisch fremdging. Stefanie Schneider beschreibt es drastisch: »Ganze Nachmittage rieb er sich an tätowiertem Weiberfleisch. Es waren so viele, dass man die Fotos ihrer Steißtattoos zu einem lustigen kleinen Daumenkino hätte arrangieren können.« Als Christina endlich dahinterkam, fackelte sie nicht lange. Sie tauschte das Schloss an der Wohnungstür aus, packte die Sachen ihres Mannes zusammen und schickte die Kisten Stück für Stück an seine diversen Geliebten. Zwar jammert ihr Ex nun seiner verschwundenen Frau hinterher, aber das hindert ihn keineswegs, sich weiterhin mit den Damen seines Daumenkinos zu trösten.[23]

Was zu viel ist, ist zu viel. Gehen Sie, ohne sich noch einmal umzudrehen, und quälen Sie sich bloß nicht mit Schuldgefühlen. Während Sie sich noch Gedanken darüber machen, ob Ihr Ex ohne Sie überlebt, hat er sich wahrscheinlich schon die nächste Frau Mustermann an Land gezogen. Dann braucht er sich nämlich nicht zu ändern. Falls Sie einen Abschiedsbrief zurücklassen möchten, setzen Sie als letzten Liebesdienst die Adresse eines guten Psychotherapeuten darauf. Das ist vermutlich die einzige Person, die es dank ihrer fachlichen Kompetenz schaffen kann, Ihrem gestörten Partner zu helfen. Leben Sie endlich das glückliche Leben, das Sie verdienen, und zwar mit einem Mann, der dazu passt.

Verlassen werden

Und sie lebten zufrieden bis ans Ende ihrer Tage ... Leider nur im Märchen. In der Realität gibt es keine Garantie, dass die Verbindung hält. Die Statistik belegt, dass inzwischen jede dritte Ehe geschieden wird. Sehen wir also der Tatsache ins Auge, dass es auch Ihnen passieren kann: Ihr Partner verlässt Sie, weil er sich in eine andere Frau verliebt hat.

Ob Sie Ihren Teil dazu beigetragen haben oder nicht, spielt keine Rolle. Jetzt muss sofort das Programm zur Rettung Ihres Selbstwertes anlaufen. Verlassen zu werden ist nämlich nicht nur ein furchtbarer Schmerz, sondern auch eine große Kränkung. Wir fühlen uns ungeliebt, zurückgestoßen, als Versagerin, unattraktiv.

Ich will gar nicht lange über die klassischen Trauerphasen oder psychologische Hintergründe von Liebeskummer reden. Dazu wurden schon jede Menge Bücher geschrieben, in die Sie sich demnächst einarbeiten können, wenn Sie es wollen. Was ich Ihnen hier geben möchte, ist ein Erste-Hilfe-Programm für Ihr Selbstwertgefühl. Sie können es insgesamt benutzen oder sich auch einzelne Schritte heraussuchen. Falls Sie in einem Punkt anderer Ansicht sind, nehmen Sie ihn einfach als Anregung. Ich behaupte nicht, dass dies der einzig mögliche Weg aus der Krise ist. Allerdings hat er sich bei meinen Klientinnen ebenso wie bei Freundinnen bewährt:

So behalten Sie Ihr Selbstwertgefühl
* **Ziehen Sie sich von Ihrem Partner zurück**
  Sie wollen unbedingt ein Gespräch mit ihm, um besser zu verstehen, warum er Sie verlassen hat? Oder: Sie wollen um ihn kämpfen, vielleicht ist ja noch nicht alles verloren? Ihr Wunsch ist verständlich. Trotzdem rate ich Ihnen: Ziehen Sie sich komplett zurück. Und zwar aus verschiedenen Gründen:
  Fall 1: Er hat sich innerlich längst von Ihnen abgewandt, er liebt die andere Frau und will nur noch einen Schlussstrich ziehen. Dann wird jedes Gespräch zur Demütigung, selbst wenn er sich dabei freundlich und besorgt um Ihren Zustand zeigt. Weder flehentliche Bitten noch Ihr hochheiliges Versprechen, nun alles besser zu machen, werden ihn umstimmen. Dafür spüren Sie hautnah, dass er Sie nicht mehr liebt, dass er höchstens Mitleid für Sie empfindet. Das müssen Sie sich nicht antun.

Fall 2: Er ist zwischen seiner neuen Liebe und Ihnen hin-und hergerissen. Erst wenn er Sie nicht mehr hat, weiß er, was er an Ihnen verliert. Lassen Sie ihn selbstbewusst mit seiner Neuen allein. Nur so entdeckt er lupenrein deren Fehler. Ein Beispiel aus meiner Praxis: Der Mann einer Klientin war bereits zu seiner neuen Liebe gezogen, wollte sich aber immer noch mit ihr treffen. Sie lehnte das ab und zog sich konsequent zurück. Nach drei Monaten schrieb er ihr: »Ich weiß jetzt erst, wie sehr ich die Freiheit brauche, die du mir immer gegeben hast. Yvonne klammert sich an mich, das geht nicht gut.« Das war der erste Schritt zurück zu seiner Frau.

Vielleicht zögern Sie, weil Sie denken: »Und was ist, wenn er ohne mich entdeckt, dass es mit der anderen ganz wunderbar ist?« Klar, die Möglichkeit gibt es ebenfalls. Ich versichere Ihnen aber, dass er das dann auch trotz Ihrer Bemühungen gemerkt hätte. Durch Ihren Rückzug ersparen Sie sich ein schmerzhaftes Hin und Her, das am Ende ohnehin zu Ihren Ungunsten ausgeht.

- **Suchen Sie sich eine Psychotherapeutin**
Jede Trennung bedeutet eine seelische Krise. Alte Verlust-ängste kommen hoch, Minderwertigkeits- und Schuldge-fühle tauchen auf, Sie versinken in einer Depression. Das bearbeiten Sie mit einer Fachfrau besser als mit Freun-dinnen. Außerdem: Ihre Freundinnen sind sicher liebe-voll und geduldig, aber irgendwann können sie die immer gleiche traurige Geschichte nicht mehr hören. Bei einer Therapeutin müssen Sie sich darüber keine Gedanken machen. Sagen Sie schon bei der Anmeldung in der psy-chologischen Praxis, worum es Ihnen geht. Sie wollen und sollen keine große Psychoanalyse machen, bei der Sie schließlich im Säuglingsalter landen. Was Sie brauchen,

ist konkrete Unterstützung und Begleitung in einer Trennungskrise.

- **Ziehen Sie sich eine Rüstung an**
Auch wenn Ihnen Ihr Aussehen völlig egal ist und Sie sich am liebsten im Bademantel zu Hause zu verkriechen wollen, lassen Sie sich nicht hängen. Ziehen Sie sich gut an. Ein schickes Kostüm kann wie ein seelisches Korsett wirken, das Sie am Zusammensinken hindert. Wenn es Ihr Budget hergibt, kleiden Sie sich neu ein. Jetzt ist auch der Zeitpunkt für eine andere Frisur. Gehen Sie zu einem guten Friseur, damit Sie individuell und kompetent beraten werden. Richtung: Weg mit dem braven Haarschnitt und der mausigen Naturfarbe. Make-up ist auch gut. Ein Abdeckstift kaschiert Ihre Augenringe, wasserlösliche Wimperntusche hindert effektiv am Heulen, weil Sie schließlich nicht wie ein Waschbär aussehen wollen. Überlegen Sie auch, was Sie schön macht und Ihnen gleichzeitig guttut. Hier ein paar Dinge zur Anregung: Behandlung bei der Kosmetikerin, Besuch in der Sauna, Wellness-Wochenende, Massage. Und dann Kopf hoch und lächeln. The show must go on. Sie werden dem Kerl nicht den Triumph gönnen, Sie am Boden zu sehen!

- **Bewahren Sie Contenance**
»Wes das Herz voll ist, des fließt der Mund über«, sagt das Sprichwort. Wie wahr! Am liebsten möchten Sie ständig über Ihr Unglück sprechen, weil Sie eh nichts anderes im Kopf haben. Kurzfristig gibt Ihnen das ein Gefühl der Erleichterung, doch langfristig werden Sie es bereuen. Nicht jeder geht mit Ihren Enthüllungen gut um. Man klatscht über Sie, Sie sorgen für Gesprächsstoff. Deshalb sollte für 90 Prozent Ihrer Begegnungen der königliche Wahlspruch gelten: No complain, no explain – keine Klage, keine Er-

klärung. Die behalten Sie Ihren wirklich guten Freunden vor, denjenigen, die Ihnen zur Seite stehen, Sie trösten und Ihnen gute Ratschläge geben. Und die schweigen können.

Ein Paradebeispiel für Contenance war seinerzeit die TV-Moderatorin Sabine Christiansen. Ihr Mann hatte sie nicht nur völlig überraschend verlassen, seine neue Herzdame war auch noch eine ihrer besten Freundinnen. Trotzdem lauerte die Klatschpresse vergeblich auf großes Gefühlskino und Offenbarungen nach dem Motto »Jetzt rede ich …«. Sabine Christiansen schwieg eisern, zeigte sich elegant und diszipliniert in der Öffentlichkeit. Und siehe da: Sie wurde in den Medien vom Opfer zum Vorbild.

- **Verschaffen Sie sich Ablenkung**
Damit ist nicht gemeint, dass Sie auf Partys gehen oder mit anderen Männern flirten sollen. Das funktioniert nicht, weil es den Schmerz nur noch verstärkt. Gemeint ist, dass Sie sich eine echte Aufgabe suchen. Am besten eine, die Ihr Selbstwertgefühl hebt, weil Sie gebraucht werden oder etwas Tolles unternehmen. Machen Sie einen Sprachkurs, melden Sie sich zu einer ehrenamtlichen Ausbildung bei der Telefonseelsorge, fliegen Sie nach New York. Sie werden sehen, irgendwann kommt der Moment, wo Sie erstaunt feststellen: »Ich habe eine ganze Stunde lang überhaupt nicht mehr an ihn gedacht.«

- **Ändern Sie Ihre Umgebung**
Wer in der gemeinsamen Wohnung zurückbleibt, ist gezwungen, räumlich weiterhin in der Vergangenheit zu leben. In allen Ecken und Gegenständen lauert die Erinnerung. Das macht es schwer, loszulassen. Dagegen hilft ein optischer Trick. Verändern Sie Ihre vier Wände. Strei-

chen Sie sie in neuen Farben, stellen Sie die Möbel um, entfernen Sie sämtliche Erinnerungsstücke. Nicht immer möglich, aber noch effektiver: Ziehen Sie um. Ein neues Domizil ist unbelastet.

Im Liebesleid steckt Power-Potenzial

Dass Sie verlassen wurden, muss Sie nicht am Boden zerstören, es kann auch ungeahnte Kräfte in Ihnen wecken. Viele bedeutende Werke der Literatur, Musik, Malerei und Architektur sind aus Liebeskummer entstanden. Denken Sie nur an das berühmte Taj Mahal im indischen Agra. Shah Jahan ließ diesen wunderbaren Palast aus weißem Marmor zum Gedenken an seine verstorbene Lieblingsfrau errichten. Oder lesen Sie Goethes »Marienbader Elegien«, in denen der alte Dichter seine unerwiderte Liebe zu der 17-jährigen Ulrike von Levetzow in Verse verwandelt hat.

Ich weiß, Sie sind keine Dichterfürstin und wollen wohl auch kaum Ihrem Ex ein Denkmal errichten. Aber die Kraft, aus der Krise etwas Besonderes zu machen, steckt ebenso in Ihnen.

In seinem Artikel »Liebes-Tief – Kreatives Hoch« bestätigt der Journalist Pascal Morche: »Powered by emotion. Auf nichts und niemand trifft dieser Slogan mehr zu als auf denjenigen, der verlassen wird und dies nicht wahrhaben will. Powered by emotion heißt eben Kraft durch Gefühl, und das ist halt manchmal auch Leid. Diese Kraft kann stärker sein als Freude. Es kommt nur darauf an, was man daraus macht.«[24]

Gerade wenn Sie auf sich gestellt sind, haben Sie die Chance, sich wieder neu zu entdecken. Beispiele dafür gibt es genug. Eine Freundin, die vor ein paar Monaten von ihrem Mann verlassen wurde, rief mich an: »Ich habe nichts mehr zu verlieren, also kann ich mich jetzt auch trauen, meine Träume zu realisieren.« Sie packte gerade ihren Rucksack für eine Südamerika-Reise.

Falls Sie keine Vorbilder in Ihrem privaten Umfeld finden, dann schauen Sie sich doch mal in der Öffentlichkeit um: Erst nach der Affäre ihres Mannes mit der Praktikantin Monica Lewinsky fand die verletzte Hillary Clinton ihre wahre Power. Sie startete politisch durch bis zum Griff nach dem höchsten Amt der Vereinigten Staaten von Amerika. Na bitte! Oder ein Blick zurück auf andere Ikonen: Jackie Kennedy gab nach dem Attentat an ihrem Mann nicht die ewig trauernde Präsidenten-Witwe, wie es konservative Amerikaner von ihr erwarteten, sondern ging ihren individuellen Weg, zuletzt als anerkannte Lektorin eines Verlages. Ebenso erfand sich Lady Diana neu. Als im Sommer 1994 das TV-Interview mit Prinz Charles' Ehebruch-Geständnis ausgestrahlt wurde, besuchte sie im knappen kleinen Schwarzen eine Galerie und gab der Presse Bescheid. Ihre Rechnung ging auf: Am nächsten Tag war sie auf allen Titelseiten. Das war der Startschuss für ihre Selbstentwicklungskampagne.

Also, nutzen Sie die Power, die aus Liebeskummer erwächst, um Ihren Wert zu erhöhen. Übrigens, Rache ist eine besonders starke Energie. Sie sollten sie aber unbedingt konstruktiv einsetzen, um sich und Ihre Situation mit Schwung zu verbessern. Statt zerstochener Reifen oder übler Nachrede lieber so: »Dem zeig ich es! Er wird noch bitter bereuen, so eine tolle, erfolgreiche, attraktive Frau wie mich verlassen zu haben!«

Tausche alt gegen jung
Eine Trennung tut in jedem Fall weh. Besonders hart aber trifft sie ältere Frauen. Für sie ist die Gefahr, ihren Selbstwert

zu verlieren, außerordentlich groß. Weil sie das Gefühl, ausgemustert worden zu sein wie ein Paar alte Schuhe, nicht so leicht mit einem neuen Leben kompensieren können wie eine flexible junge Frau.

So traurig gerade dieses Thema ist, ich muss gestehen, dass ich mich darauf gefreut habe – wenn auch mit einem grimmigen Lächeln. Weil ich hier endlich einmal in aller Öffentlichkeit deutlich sagen kann, wie unsäglich ich den Trend älterer Männer finde, ihre gleichaltrige Ehefrau gegen eine junge einzutauschen. Nein, dies ist nicht die Tirade einer persönlich Betroffenen (ich bin seit 30 Jahren glücklich verheiratet, und mein Mann macht nicht den Einruck, als wolle er mich auswechseln), sondern einer beobachtenden und mitfühlenden Psychologin. Im Laufe der Jahre habe ich viele Frauen dabei begleitet, nach so einem Schock wieder auf die Füße zu kommen. Manche von ihnen waren depressiv und dem Selbstmord nahe. Das ist gewiss nicht verwunderlich, wenn man sich vorstellt, dass mit einem Schlag ein ganzes Lebenskonzept zerstört wird.

Eine leider sehr häufige Geschichte. Wie die von Carola, 52, Übersetzerin. Wegen ihrer beiden Töchter konnte sie erst vor einigen Jahren wieder anfangen, halbtags in ihrem Beruf zu arbeiten. Bis dahin hatte sie neben Haushalt und Kindern ihrem Mann beim Aufbau und später bei der Erweiterung seines Geschäftes geholfen, hatte die Organisation und Buchhaltung für ihn erledigt. Carolas Mann Axel, 54, ist Immobilienmakler. Beide galten als ideales Paar. Tatsächlich waren die Bedingungen beneidenswert: ein schönes Haus, wohlgeratene Kinder, die gerne ihre Freunde mitbrachten, und ein netter Bekanntenkreis, der sich vor allem aus Klienten von Axel zusammensetzt. Carola und Axel verstanden sich gut, schließlich waren sie seit 28 Jahren verheiratet. Der Sex war nicht mehr so häufig wie früher, auch nicht mehr so aufregend, aber immer noch befriedigend. Carola vermutete, dass Axel hier und da eine kleine Affäre hatte, aber so genau wollte sie das gar nicht wissen, da war sie tolerant. Dann kam der Tag, an dem sie Knall auf Fall erfuhr, dass aus einer dieser kleinen Affären eine große geworden war. Ausgerechnet zu dem Zeitpunkt, als die jüngste Tochter zur Ausbildung in eine andere Stadt zog, eröffnete Axel Carola, dass er sich in eine andere Frau verliebt hatte und mit ihr leben wollte. Eine 30-jährige, ehrgeizige Architektin, mit der er häufig zusammenarbeitete. Nach dramatischen Szenen zog Axel endlich aus. Carola blieb alleine in dem großen, leeren Haus zurück. Sie hatte viel Zeit, über ihre Zukunft nachzudenken. Ihre Zukunft, die sie sich im Kreise der Familie mit Kindern und Enkelkindern vorgestellt hatte, war plötzlich ein schwarzes Loch. Der Traum, den sie mit Axel geträumt hatte, später einmal den Winter im Süden zu verbringen, war geplatzt. Die meisten Freunde hatten sich auf Axels Seite geschlagen. Carola saß alleine da.

Haben Sie schon mal gehört, dass eine attraktive 25-Jährige einen armen Rentner geheiratet hat? Kommt erstaunlich selten vor. Ich will den jungen Frauen gar nicht unterstellen, dass sie sich aus purer Berechnung einen gestandenen Mann angeln. Tatsache ist wohl eher, dass Macht und Geld sexy machen. Deutlich sieht man das bei Politikern, Wirtschaftsbossen und Mediengrößen. Ich verzichte darauf, Ihnen die lange Liste der Beispiele aufzuführen, Sie kennen sie. Und während Sie dies lesen, geht garantiert gerade wieder eine Nachricht über den Ticker, dass sich jemand, von dem man es nie erwartet hätte, soeben von seiner langjährigen Ehefrau getrennt hat und strahlend die jüngere Nachfolgerin präsentiert. Ein toller Hecht, wirklich! Die anderen

Männer beneiden ihn vermutlich glühend, wenn er mit seiner jungen, attraktiven Begleitung auf dem Festival, der Messeeröffnung, dem Presseball oder einem anderen öffentlichen Event erscheint. Die junge Frau verschafft ihm eine Aura von Potenz. Und was Bundeskanzlern, Außenministern, Fußballmanagern, Ministerpräsidenten, Tagesthemenmoderatoren, Tour-de-France-Gewinnern oder Ölmagnaten recht ist, ist Herrn Jedermann billig.

Potenz, körperliche und geistige, ist in vielen Fällen das Schlüsselwort für den Wechsel. Die Hamburger Familienrechtlerin Sabine Neidhardt benennt in einem Interview, was sie in ihrer juristischen Praxis häufig erlebt: »Nach 15 Ehejahren wollen viele nochmal etwas in ihrem Leben ändern, der Stress von allen Seiten ist groß. Familie abschaffen geht nicht, Job wechseln ist auch schwierig. Am leichtesten lässt sich die Ehefrau austauschen.«[25] Mit einer jungen Frau fühlt sich der ältere Mann wieder jung. Sex ist aufregend, nicht so eingeschlafen wie bisher, der leidenschaftliche Liebhaber in ihm wird wach. Außerdem sieht ihn die junge Frau mit neuen Augen. Nicht mit diesem abgeklärten Blick, der besagt: »Ach, Schatz, spiel dich doch nicht so auf, ich kenne alle deine Schwächen.« Schließlich hat sie nicht seine mühsamen Anfänge im Job erlebt, sondern bewundert seine Souveränität und seinen Erfolg.

Der reinste Jungbrunnen für einen alternden Mann. Aber beileibe keine neue Methode. Schon zu biblischen Zeiten glaubte man, dass die Nähe zu jungen Frauen alten Männern Frische verleiht. So ließ sich der greise König David jeden Abend ein junges Mädchen zwecks Verjüngung ins Bett legen. Vielleicht hat es ihm Spaß gemacht, genutzt hat es aber nichts. Er litt weiter unter altersbedingten Zipperlein und starb am Ende. Immerhin hat er der Methode seinen Namen vermacht: Das »König-David-Syndrom« hält sich bis heute hartnäckig, die Männer geben sich immer noch der gleichen Illusion hin. Erst kürzlich ätzte der *Spiegel* zu diesem Thema: »Jung geht mit Alt, Kukident wird plötzlich adoleszent.«[26] Deshalb scheint es mir an der Zeit, die Dinge endlich mal beim Namen zu nennen.

Kukident wird plötzlich adoleszent – ein offener Brief

Liebe Männer 50+,

Ihr täuscht Euch gewaltig, wenn Ihr glaubt, dass Euch eine junge Frau wieder jung macht. Was Ihr als zweite Jugend empfindet, ist lediglich eine Auswirkung der Tatsache, dass die Seele nicht altert, oder, wie es der inzwischen auch schon reife Medienzar Josef von Ferenczy so hübsch ausdrückt: »Das Herz bekommt keine Falten.« Deshalb könnt Ihr Euch, wie übrigens auch wir Frauen, noch mit 90 heftig verlieben. Aber: Eine junge Frau beschert Euch vielleicht ein frisches Gefühl im Bereich Sex und Lebensart, wirklich jünger macht sie Euch nicht:

Optisch nützt Euch weder Jogging noch das hippe Outfit, das Euch Eure Neue verpasst. Ihr seid faltig im Gesicht, Eure Haut an Armen, Rücken, Bauch und Hintern ist schlaff. (Vorsicht, Lifting ist keine Lösung. Wollt Ihr etwa aussehen wie Michael Douglas?) Die Haare sind auch nicht mehr, was sie mal waren, eher grau und spärlich. Neben einem knackigen Jungen seht Ihr einfach alt aus.

Auch von innen seid Ihr nicht wirklich jünger. Organe, Augen, Zähne und Gehör unterliegen Verschleißerscheinungen, denen sich keiner entziehen kann. Jeder fühlt sich so alt, wie er ist. Redet Euch nicht das Umgekehrte ein.

Vor allem könnt Ihr *geistig* nicht mehr in die Jugend zurück. Von Eurer jungen Frau bekommt Ihr höchstens Anregungen, Euren Horizont zu erweitern. Etwa in puncto Musik, Umweltbewusstsein, Nutzung neuer Medien – halt alles, was Ihr von Euren Kindern auch lernen könnt. Doch selbst wenn Ihr daraufhin Eure Einstellung komplett verändert, Eure Lebenserfahrungen könnt Ihr nicht mehr zurückschrauben. Ihr gehört zur älteren Generation, habt die Werte und Vorlieben der Zeit, in der Ihr aufgewachsen seid, verinnerlicht. Das bekommt man nur schwer, meist gar nicht, heraus.

Außerdem – und das dürfte für Euch besonders kritisch sein – hat jedes Alter seinen Schwerpunkt. Eure junge Frau ist beruflich in der Aufbauphase, oder sie will Kinder – Ihr seid damit schon durch. Eure jungen Frau ist beweglich und hungrig – Ihr seid schon in ruhigerem Fahrwasser. Diese Phasen einfach zu vertauschen, ist für die junge Frau frustrierend und für den älteren Mann anstrengend. Bei einem bekannten Medienmann z. B. soll seine vorletzte Ehe mit einer jungen Frau in die Brüche gegangen sein, weil sie viel erleben wollte, er dagegen lieber am Kamin ein Glas Wein trank und ein gutes Buch las. Eher eine Unvereinbarkeit der Lebensphasen als der Charaktere, denn dieser Herr war in jungen Jahren recht umtriebig.

Und nun komme ich zum Kernpunkt, liebe Männer: Lohnt es sich, dass Ihr für ein paar Jahre (dann wird es auch hier langweilig!) schärferen Sex, dem trügerischen Gefühl, nochmal von vorne anfangen zu können, und der Befriedigung, in den Augen anderer Männer eine Trophäe errungen zu haben, so viel aufgebt? Dass Ihr Eure Familie zerreißt, einen Menschen unglücklich macht, mit dem Euch bisher viel verbunden hat, Euren Freundeskreis spaltet?

Diese Frage könnt Ihr nur selbst beantworten. Ich werde Euch jedenfalls weiterhin beobachten und schauen, wie es

Euch im Laufe der Zeit geht. Das wird eine sehr interessante Studie. Das Ergebnis aus einer ganz anderen Gruppe von Versuchspersonen möchte ich Euch allerdings jetzt schon mitteilen: Männer, die nicht daran denken, ihre Frauen gegen eine jüngere auszutauschen, weil sie diese spezielle Person lieben, weil sie mit ihr eine lange gemeinsame Geschichte und immer noch Ziele haben, wirken jedes Mal, wenn sie über ihre Beziehung sprechen, souverän und glücklich. Denkt mal darüber nach!

Eure E. W.

So, das musste mal gesagt werden. Allerdings, mein zweiter Vorname ist Fairness, deshalb komme ich bei aller schwesterlichen Parteilichkeit nicht umhin, auch einen kritischen Blick auf das Pendant des älteren Mannes zu werfen: die ältere Ehefrau. Verlassen wird keineswegs immer eine liebenswerte, erotische, kluge Gefährtin, sondern oft auch eine gleichgültige, langweilige Matrone. Und mal ganz ehrlich – verdenken kann man einem Mann das in dem Fall kaum. Manche Frauen scheinen zu glauben, der Mann an ihrer Seite wäre ihr Eigentum, um das sie sich nicht mehr kümmern müssten. Einmal gekauft, ewig haltbar. Sich Mühe geben? Warum denn? Sie haben nicht verstanden, dass Liebe nicht automatisch frisch bleibt, sondern dass man etwas dafür tun muss, auch wenn es unbequem ist.

Kapitel 5: Behalten Sie Ihren Wert im Beruf

Im Meeting fährt Ihnen ein Kollege über den Mund: »Lass mal, davon verstehst du nichts.« Oder Ihre Kollegin erntet die Lorbeeren für Ihre Arbeit. Von Ihnen zur Rede gestellt sagt sie lässig: »Sei doch nicht so schrecklich ehrgeizig.« Auf Ihre sachliche Nachfrage schnauzt ein Kunde: »Ich denke, Sie sind Expertin. Da müssten Sie das doch eigentlich wissen.« Ihre Kollegin geht ohne Erlaubnis an Ihren Computer. Auf einen Vorschlag von Ihnen frotzelt ein Teammitglied: »Du schon wieder mit deinen hirnrissigen Ideen.« Ein Auftraggeber sagt von oben herab: »Wofür bezahle ich Sie eigentlich?«

Bestimmt können Sie abschätzige Bemerkungen dieser Art aus Ihrem persönlichen Erfahrungsschatz ergänzen. Schließlich kann das im Job jeden Tag passieren: Jemand kommt uns unverschämt, ist ungerecht oder taktlos. Die Frechheit macht uns sprachlos, selbst schlagfertigen Frauen fällt dazu erst einmal nichts mehr ein. Kein Wunder, denn was man uns an den Kopf geknallt hat, war eine Killerphrase – und da ist der Schock gewollt. Ziel und Zweck ist es, zu verunsichern und in die Defensive zu drängen.

Solche Abwertungen werden »Killerphrasen« genannt, weil sie jede faire Kommunikation abtöten. Killerphrasen sind pauschale und abwertende Angriffe, die oft unterhalb der Gürtellinie treffen. Achtung: Nicht zu verwechseln mit vielleicht sogar berechtigter Kritik. Wenn Sie etwa von mehreren Seiten – vor allem auch von Menschen, die Ihnen wohlgesonnen sind – hören: »Du bist immer so perfektionistisch« oder »Sieh das doch mal nicht so subjektiv«, dann ist das keine Killerphrase, sondern ein Feedback, über das Sie nachdenken sollten. Killerphrasen haben einen anderen Ton. Sie sind nicht an der Sache orientiert, sondern zielen auf die emotionale Seite des Gegenübers. Am leichtesten enttarnen Sie sie anhand der Gefühle, die sie in Ihnen auslösen: Betroffenheit, Hilflosigkeit, Verwirrung, Unterlegenheit, Kränkung, Empörung, Zorn oder Aggression. Killerphrasen machen mundtot, wischen Themen und Einwände vom Tisch, beleidigen, machen lächerlich. Kurz, sie sind eine Kampfansage. Die Motive dahinter sind leicht zu durchschauen: Da will sich jemand auf Ihre Kosten profilieren, Sie als Konkurrentin ausschalten oder projiziert seinen eigenen Frust auf Sie.

Killerphrasen betreffen meist Ihre Person: Ihr Äußeres, Ihre Emotionen und psychische Stabilität, Ihre Fähigkeiten und Kompetenzen, Ihre Werte, Normen oder Anschauungen. Sie können sich aber auch auf die Gruppe beziehen, zu der Sie gehören, etwa Ihre Religion oder Partei oder dass Sie eine Frau sind. So forderte bei einem Meeting ein Teilnehmer die einzige weibliche Mitarbeiterin, eine Finanzexpertin, auf: »Sorgen Sie mal für frischen Kaffee.«

Neben dem allgemeinen Pool an Killerphrasen gibt es auch typische für jedes Alter. Jungen Frauen wird eher die Kompetenz abgesprochen: »Mädchen, davon verstehen Sie noch nichts.« Oder: »Das hat man Ihnen wohl auf der Universität nicht beigebracht?« Frauen der Generation 40+ werden häufig auf ihre Lebensphase, Ihr Aussehen und mangelnde Flexibilität angesprochen: »Sie sind wohl in den

Wechseljahren?« »Können Sie mir da noch folgen?« »Ist Ihr Kostüm nicht ein bisschen zu jugendlich?«

Die gute Nachricht ist, dass Sie Killerphrasen Paroli bieten können, selbst wenn Schlagfertigkeit bisher nicht Ihre Stärke war. Allerdings müssen Sie dann in puncto Selbsterkenntnis etwas Vorarbeit leisten. Überlegen Sie, welchen wunden Punkt Sie besonders schützen wollen. Jeder Mensch hat seine spezielle Schwachstelle, an der er angreifbar ist, etwa seine Ausbildung, seine Herkunft, sein Problem mit Zahlen oder Technik, seine Körpergröße, sein Aussehen. Fragen Sie sich also: In welchem Bereich fühle ich mich unsicher und bin deshalb besonders schnell getroffen?

Gefahr erkannt, Gefahr gebannt. Wenn Sie jetzt noch die verschiedenen Techniken der Gegenwehr beherrschen, sind Sie bestens präpariert. Im Folgenden habe ich Ihnen dazu eine Auswahl zusammengestellt, die sich besonders bewährt hat. Doch Vorsicht, greifen Sie bitte nicht blindlings in die rhetorische Werkzeugkiste. Berücksichtigen Sie immer, in welcher Beziehung Sie zu demjenigen stehen, der Sie angreift. Einem Kollegen auf gleicher Ebene dürfen Sie locker kontern. Bei Ihrem Chef oder einem wichtigen Kunden sollten Sie sich eine scharfe oder flapsige Bemerkung lieber verkneifen und eine gemäßigte Form wählen.

Top-Taktiken gegen Abwertung

- **Decken Sie das Motiv auf**
  »Wie sind Sie denn auf diesen Blödsinn gekommen?« »Machen Sie doch kein Drama daraus.«
  Stellen Sie in sachlichem Ton fest: »Mit diesem Satz wol-

len Sie mich wohl lächerlich machen.« »Sie versuchen, meine Kompetenz anzuzweifeln.« »Sie wollen meinen Vorschlag abwerten.«

- **Stellen Sie eine Rückfrage**

  »Das sind nur Peanuts.« »Seien Sie doch nicht so pingelig.«

  Ein Managerspruch sagt: »Wer fragt, führt.« Schieben Sie dem Angreifer mit einer Frage den schwarzen Peter zu, indem Sie ihn zwingen, seine Killerphrase zu erläutern. Das wird ihm mit Sicherheit ziemlich schwerfallen. »Warum sprechen Sie das gerade jetzt an?« »Können Sie mir bitte erklären, was genau Sie darunter verstehen?«

- **Ignorieren Sie die Bemerkung**

  »Sie sehen blass aus, Sie haben wohl zu viel gefeiert.« »Heute bist du ja mal richtig schick.«

  Was kümmert es den Mond, wenn ihn ein Hund anbellt? Manchmal ist es am besten, über eine boshafte Bemerkung souverän hinwegzugehen. Überhören Sie sie entweder völlig, oder nicken Sie kurz: »Danke für den Hinweis.« Dann fahren Sie ungerührt mit dem fort, was Sie sagen wollen.

- **Treiben Sie die Killerphrase auf die Spitze**

  »Davon hast du doch keine Ahnung.« »Das geht garantiert daneben.«

  Indem Sie übertreiben, machen Sie deutlich, wie absurd die Aussage ist. Sagen Sie süffisant, dramatisch oder total zerknirscht: »Du hast ja völlig recht, davon verstehe ich nicht die Bohne.« »Es tut mir unendlich leid, dass ich die Firma so furchtbar blamiere.« »Ja, ja, ich weiß, meine Ideen sind total verrückt.«

- **Stellen Sie die Sache richtig**

  »Na, wieder Privatgespräche geführt?« »Ordnung ist wohl auch nicht Ihre Stärke.«

  Falsche Angaben über Ihre Person oder Ihre Arbeit dürfen Sie nicht auf sich beruhen lassen, sonst bleibt am Ende noch etwas hängen. Achten Sie darauf, dass Ihr Widerspruch als Information ankommt und nicht nach Rechtfertigung klingt. Also statt: »Aber ich habe die Akte Meyer doch gar nicht in der Hand gehabt«, sagen Sie besser: »Soviel ich weiß, hatte Herr Möhring sie zuletzt. Wenden Sie sich bitte an ihn.«

- **Weisen Sie den Angriff zurück**

  »Ihr Mann tut mir leid.« »Warum tragen Sie nicht mal einen hübschen Rock?«

  Versucht man, Sie mit einer unpassenden Frage oder Bemerkung aus dem Konzept zu bringen, lassen Sie sich auf keine Diskussion ein. Bügeln Sie kurz ab: »Das ist jetzt nicht das Thema.« »Mein Aussehen tut nichts zur Sache.« »Über meine Qualitäten als Mutter reden wir hier nicht.«

- **Verstehen Sie absichtlich falsch**

  »Ohne dich läuft hier wohl gar nichts.« »Na super, du hast mal wieder alles unter Kontrolle.«

  Ironischen Bemerkungen brechen Sie die Spitze, indem Sie naiv tun und sie wörtlich nehmen. Z. B. sagt Ihr Kollege verächtlich: »Das hast du ja mal wieder gut hingekriegt.« Sie strahlen ihn an: »Oh, vielen Dank für das Kompliment.«

- **Wechseln Sie das Thema**

  »Die meisten Arbeitslosen sind nur zu faul.« »Sie verstehen wohl überhaupt keinen Spaß?«

  Tritt jemand ins Fettnäpfchen, den Sie nicht verärgern möchten oder dem Sie wegen seiner Position nicht direkt Kontra geben können, wechseln Sie einfach das Thema. »Übrigens, wie geht es Ihrer Tochter?« »Da fällt mir ein, was ist eigentlich aus dem Projekt XY geworden?«

- **Verallgemeinern Sie**

  »Sind Sie dafür nicht schon ein bisschen zu alt?« »Das ist wohl zu kompliziert für Sie.«

  Eine persönliche Beleidigung wehren Sie geschickt ab, indem Sie sie ins Unpersönliche transportieren. »Ja, es gibt tatsächlich 50-Jährige, die nicht mehr so flexibel sind.« »Stimmt, einige Frauen haben Probleme mit dem Computer.«

- **Schmettern Sie den Ball zurück**

  »Sie wollen sich doch nur beim Chef einschmeicheln.« »Sie sind ja vom Ehrgeiz zerfressen.«

  Erinnern Sie sich an den alten Kinderspruch »Wer es sagt, der ist es selbst«. Schicken Sie dem Absender seine Frechheit als Retourkutsche: »Schließen Sie bitte nicht von sich auf andere.« »Sie scheinen damit ein Problem zu haben.«

- **Ziehen Sie die Aussage ins Lächerliche**

  »Zerbrechen Sie sich darüber mal nicht Ihren hübschen Kopf.« »Sie leiden wohl unter den Wechseljahren?«

  Jemand nervt Sie mit sexuellen Anzüglichkeiten oder stellt Sie als Dummchen dar. Statt ernsthaft zu kontern, nehmen Sie ihm mit Spaß den Wind aus den Segeln. »Donnerwetter, Sie kennen sich aber mit Frauen aus.« »Oh, ich wusste gar nicht, dass ich heute Superman treffe.«

Gehen Sie kompetent mit Kränkung um

Gegen gelegentliche Missachtungen sind Sie mit diesen rhetorischen Techniken nun hoffentlich gut gewappnet. Aber was ist, wenn sich Abwertungen bei Ihnen zu einer tiefgehenden Kränkung auswachsen? Was kränkt, kann unterschiedlich sein. Manche ertragen es nicht, ständig kritisiert zu werden. Andere leiden, wenn man ihre Arbeit nicht gebührend würdigt, sie übergeht oder ungerecht behandelt. Wieder andere sind gekränkt, weil sie bevormundet oder kontrolliert werden.

Die Psychologin Bärbel Wardetzki, Autorin des Buches »Kränkung am Arbeitsplatz« definiert: »Ich fasse Kränkungen als einen speziellen Fall zwischenmenschlicher Konflikte auf, die sich dadurch auszeichnen, dass sie das Selbstwertgefühl angreifen und schwächen. Die Betroffenen haben das Gefühl, zu kurz zu kommen, weniger wert zu sein, benachteiligt oder sogar abgelehnt zu werden.«[27]

Gekränkt fühlen wir uns immer dann, wenn dadurch etwas in uns getroffen wird, das uns wichtig ist. Dabei spielen unsere Werte und unsere Lebensgeschichte eine entscheidende Rolle.

Angenommen, Ihr Kollege klaut Ihnen Ihre brillante Idee vom Schreibtisch und gibt sie im Meeting als seine aus. Dann sind Sie vielleicht wütend, aber nicht unbedingt gekränkt. Anders ist es, wenn Sie mit dem Kollegen befreundet sind und ihm vertrauensvoll von Ihrer Idee erzählt haben. Dann fühlen Sie sich wahrscheinlich gekränkt, weil er Ihr Vertrauen missbraucht hat.

Oder: Ihre Eltern haben bei Ihnen als Kind sehr auf Leistung geschaut. Was Sie gemacht haben, war nie gut genug. Kamen Sie aus der Schule mit einer Zwei nach Hause, hieß es: »Warum hast du keine Eins?« Als Erwachsene kränkt Sie dieses Verhalten Ihres Chefs: Sie haben nach Wochen Arbeit ein super Ergebnis abgeliefert. Statt Sie zu loben, reitet er auf dem einzigen winzigen Punkt herum, der nicht ganz optimal gelungen ist. Jemand mit einer anderen Vorgeschichte würde vielleicht nur verärgert sagen: »So ein blöder Erbsenzähler.« Sie dagegen stehen kurz vor der inneren Kündigung.

Gekränkt zu sein bedeutet immer, dass wir das, was uns geschehen ist, auf eine persönliche Art verarbeiten, statt auf der Sachebene zu bleiben. Meist empfinden wir Ohnmacht, Depression, Jähzorn, Verachtung, Enttäuschung oder Trotz. Am liebsten möchten wir uns an der Person, die uns gekränkt hat, rächen oder den Kontakt mit ihr total abbrechen.

Die Heftigkeit dieser Gefühle darf man nicht unterschätzen. Ein gekränkter Mensch kann gefährlich wie ein verletzter Tiger sein. Immer wieder liest man in der Zeitung, dass ein Ehemann aus gekränktem Selbstwertgefühl seine Frau, die ihn verlassen wollte, umgebracht hat. So schlimm steht es um die meisten von uns zum Glück nicht, nach außen können wir uns vielleicht noch einigermaßen beherrschen. Doch innen brodelt es.

Kommen Sie Ihren wahren Gefühlen auf die Spur

Bärbel Wardetzki bezeichnet die Gefühle, die uns dabei umtreiben, als unecht: »Kränkungsgefühle sind keine echten Gefühle, sondern Zustände, die lange anhalten können, ohne sich zu verändern. Echte Gefühle dagegen bauen sich bis zu einer Spitze auf und flachen dann wieder ab.«[28]

Bevor Sie jetzt empört sagen: »Wie bitte? Die tiefe Kränkung, die ich gerade empfinde, soll kein echtes Gefühl sein?«, möchte ich das erläutern. Mit »unecht« und »echt« ist keine Wertung wie »richtig« oder »falsch« gemeint, sondern: Bei den »unechten« Gefühlen handelt es sich um Ersatzgefühle, mit denen wir uns davor schützen, die »echten«, darunter liegenden Gefühle wahrzunehmen. Echte Gefühle im Zusammenhang mit seelischen Verletzungen sind Schmerz,

Wut, Scham und Angst. Sie werden in einer Kränkungssituation von uns kaum wahrgenommen und selten ausgedrückt. Stattdessen werden sie überlagert von Rachegedanken, Empörung, Ohnmacht, Enttäuschung oder Trotz.

Ersatzgefühle verhindern, dass wir in unseren inneren Abgrund schauen müssen. Statt unseren Schmerz zu spüren, sind wir empört über das unmögliche Verhalten der anderen. Statt unsere Wut direkt zu empfinden, schmieden wir phantasievolle Rachepläne. Statt uns unserer Angst zu stellen, pflegen wir das Gefühl der Enttäuschung. Damit bringen wir uns in eine Opferrolle, denn auf diese Weise können wir unsere Gedanken nicht von demjenigen lösen, der uns das angetan hat.

Tatsache ist außerdem, dass uns Ersatzgefühle im Berufsalltag eher schaden als nutzen. Es bringt Ihnen nichts, wenn Sie Ihre Kollegin beleidigt schneiden, weil die Sie neulich vor dem ganzen Team blamiert hat. Sie kommen auch nicht weiter, wenn Sie trotzig nur noch Dienst nach Vorschrift machen, weil Ihr Chef Ihre Präsentation in Grund und Boden kritisiert hat. Oder wenn Sie Ihrem Kollegen beim nächsten Projekt Informationen verweigern, weil er Sie als unfähig bezeichnet hat. Damit verstärken Sie den Konflikt nur. Kränkungen führen dazu, dass man in negativen Zuständen verharrt und aggressiv oder destruktiv gegenüber sich selbst und anderen reagiert.

Lösung statt Leiden

Das heißt nicht, dass Sie sich alles gefallen lassen müssen oder dass Sie Ihre Gefühle unterdrücken sollen. Es geht darum, dass Sie Ihre Ersatzgefühle überwinden und zu den dahinter liegenden wahren Gefühlen vorstoßen. Erst wenn Sie Ihre Wut, Angst, Scham oder den Schmerz wahrnehmen, die mit der Zurückweisung verbunden sind, kommen Sie wirklich mit sich in Kontakt. Dann sind Sie vielleicht traurig, weil eine Anerkennung ausgeblieben ist, Sie haben Angst, dass man Ihnen kündigt, Sie schämen sich für einen Fehler, Sie sind wütend über eine Ungerechtigkeit. Aber Sie sind nicht länger gekränkt, beleidigt, depressiv, ohnmächtig oder trotzig. Damit kommen Sie aus Ihrer Opferrolle heraus.

Schauen Sie hinter die Kulissen Ihrer Kränkung. Fragen Sie sich: Was genau berührt mich so an dem Verhalten des anderen? Welches elementare Gefühl löst das in mir aus? Falls es mehrere sind: Welches ist das stärkste?

Wenn Sie sich darüber im Klaren sind, was Sie wirklich empfinden, können Sie sich statt auf Ihr Leiden auf eine Lösung konzentrieren und überlegen, wie Sie den Konflikt mit Ihren Arbeitspartnern angehen wollen. Keine Sorge, Sie müssen Ihre Gefühle nicht offen zeigen. Es wäre sogar fatal, wenn Sie, nachdem Sie Ihre Wut erkannt haben, mit hochrotem Kopf in das Zimmer Ihres Kollegen stürmen und ihm mal so richtig die Meinung sagen. Oder dass Sie in Ihrem Schmerz weinend vor dem Schreibtisch Ihres Chefs zusammenbrechen. Diese Offenheit sollten Sie sich lieber für Vertraute aufheben. Besser, Sie versuchen in einem konstruktiven Gespräch wieder auf die Sachebene zu kommen.

Mehr Erfolg durch Kommunikation

- Sagen Sie klar und deutlich, was Sie gekränkt hat. Seien Sie dabei in Ihrer Beschreibung so präzise wie möglich.
- Teilen Sie dem anderen mit, was Sie gerne hätten und was Sie nicht möchten.
- Achten Sie auf Ihren Ton und Ihre Stimmlage. Ein schar-

fer, rechthaberischer, beleidigter, gequälter oder unterwürfiger Ton kommt nicht gut an.

- Verkneifen Sie sich Angriffe und Abwertungen (»Ihr Verhalten war einfach stillos.«).
- Verzichten Sie auf Unterstellungen und Verallgemeinerungen (»Du bist ja nur auf meine Position scharf.« »Immer kritisieren Sie an mir herum.«).
- Machen Sie keine Vorwürfe (»Wie können Sie nur so mit Menschen umgehen!«).
- Erkundigen Sie sich, was Sie nach Meinung Ihres Gegenübers zu dem Konflikt beigetragen haben.
- Fragen Sie, welche Lösung sich Ihr Gesprächspartner vorstellt, damit Sie demnächst besser miteinander auskommen.
- Legen Sie eine gemeinsame Strategie fest. Protokollieren Sie sie schriftlich, damit sich beide Parteien später darauf berufen können.

Kränkungen, auch solche, die sich eine Weile hinziehen, müssen von der Gegenseite noch keine böse Absicht sein. Konflikte entstehen überall, wo Menschen zusammenarbeiten. Oft prallen dabei einfach unterschiedliche Wahrnehmungen oder Einstellungen aufeinander. Wie Sie wissen, gehören immer zwei zum Tango. Mit gutem Willen von beiden Seiten lässt sich die Kränkung auflösen. Das muss nicht gleich zur großen Umarmung führen, doch zumindest zum toleranten Miteinander.

Selbst wenn die Kommunikation nicht so ideal verläuft und Sie noch keine Übereinstimmung erzielen, haben Sie davon trotzdem einen Gewinn: Sie haben ausgesprochen, was Sie möchten und was Ihnen nicht passt. Und für hartnäckige Unvereinbarkeiten gibt es ja auch noch Supervisoren oder Coaches, die ein Konfliktgespräch mit fachlichem Know-how bis zum guten Ende moderieren. Voraussetzung dazu ist natürlich, dass die Kontrahenten überhaupt aufeinander zugehen wollen.

Dauerhafte Demütigung

Ein ganz anderes Kaliber ist es, wenn Sie mit einem Menschen arbeiten müssen, der auf Grund einer Persönlichkeitsstörung seine Umgebung ständig aus dem Gleichgewicht bringt. Die französische Psychoanalytikerin Marie-France Hirigoyen nennt solche Menschen »seelisch pervers«. In ihrem Buch »Die Masken der Niedertracht«[29] beschreibt sie diesen Typus und grenzt ihn gleichzeitig von Menschen mit gelegentlichen Ausrastern ab: »Jedes ›normal neurotische‹ Individuum legt bei gewissen Anlässen, zum Beispiel in einem Anfall von Zorn, perverse Verhaltensweisen an den Tag, (…) doch nach derlei perversen Anwandlungen fragt es sich erschrocken, was es da getan hat. Ein perverses Individuum ist beständig pervers; es ist fixiert auf diese Form der Beziehung zum anderen und stellt sich in keinem Augenblick in Frage. (…) Diese Personen können nicht anders leben, sie müssen den anderen ›zerstören‹. Sie müssen ihn herabwürdigen, um Achtung vor sich selbst zu gewinnen und dadurch Macht.«

Es können auch ganze Gruppen sein, die sich unter einem solchen Anführer oder einer Anführerin auf eine Mitarbeiterin einschießen. Seit den neunziger Jahren hat sich dafür der Begriff »Mobbing« eingebürgert. Er besagt, dass jemand am Arbeitsplatz von Kollegen oder Vorgesetzten schikaniert, belästigt, beleidigt wird oder man ihm demütigende Aufgaben überträgt. Ein weiteres wichtiges Merkmal ist, dass die gemobbte Person ausgegrenzt wird und sich alle auf die Seite desjenigen schlagen, der damit angefangen hat. In solchen Situationen geht es in erster Linie darum, das Opfer ohnmächtig zu sehen.

Die Methode ist immer die gleiche: Man nutzt die Schwäche des anderen und bringt ihn dahin, so an sich zu zweifeln, dass er keine Gegenwehr mehr wagt. Durch hinterhältiges Herabsetzen verliert er zunehmend an Selbstvertrauen und glaubt am Ende selbst: »Ich kann nichts, ich bin nichts wert, ich bin der Sache nicht gewachsen.«

Wir brauchen unsere Mitmenschen als Spiegel, um zu wissen, wer wir sind. Wirft Ihnen Ihr Spiegel Tag für Tag ein hässliches Bild zurück, dann glauben Sie am Ende, das sei die Wahrheit über Sie. Schließlich sehen Sie sich als unfähig, wertlos, unkreativ, nutzlos oder alt. Sie verlieren Ihre Lebensfreude, werden vielleicht sogar depressiv oder krank.

Bei den meisten Fällen, die an die Öffentlichkeit gelangen, fragt man sich: Warum hat das Opfer das mit sich machen lassen? Warum hat es so lange ausgehalten?

Das hängt mit gesellschaftlichen Bedingungen zusammen. Für die Betroffenen wird es immer schwerer, sich zu wehren, weil sie nicht mehr so leicht wie früher einfach kündigen können. Die Angst um den eigenen Arbeitsplatz ist gewachsen. Der Arbeitsmarkt ist unsicher geworden, Arbeitsplätze werden wegrationalisiert. Außerdem sind manche Unternehmen wie Zitronenpressen. Sie quetschen das Letzte aus ihren Mitarbeitern heraus. Ist der Arbeitnehmer nicht mehr rentabel genug, entledigt man sich seiner ohne die geringste Gemütsbewegung. Vor diesem Hintergrund hat sich auch der Stil des Umgangs miteinander gewandelt. Eine Bekannte erzählte mir dazu diese Geschichte: Bei einem Empfang plauderte sie mit dem Inhaber einer Firma. Er erwähnte, dass soeben ein langjähriger, treuer Mitarbeiter ausgeschieden war. »Na, da haben Sie ihm aber sicher ein schönes Abschiedsfest gemacht?«, fragte meine Bekannte. Ihr Gesprächspartner konterte kühl: »Nein, warum denn? Der Mann hat doch sein Gehalt bekommen.«

In einem System erbitterter Konkurrenz und einem ausschließlichen Kosten-Nutzen-Denken werden Kälte und Härte zur Regel. Der Einzelne zählt nicht mehr als Mensch, er wird nur noch in seiner Funktion gesehen. In diesem Klima gedeiht Entwürdigung wie Schimmelpilz bei Feuchtigkeit.

Psychische Gewalt erniedrigt, raubt die Selbstachtung, macht hilflos, führt zu chronischen Krankheiten und in schweren Fällen sogar zum Selbstmord. Es ist schwer, sich gegen eine Gewalt zu wehren, die nicht mit der Faust zuschlägt, die kein Blut hinterlässt und doch durch Worte und Gesten tief verletzt.

Wohlverhalten nutzt nichts

Das Opfer passt sich den Gegebenheiten aus Angst davor an, dass ihm ein offener Konflikt Nachteile bringen könnte. Man könnte es ja als »schwierig« oder »zickig« ansehen. Es will keine Probleme machen. Irrigerweise glaubt es, dass Wohlverhalten die Situation günstig beeinflusst. Dieses Stillhalten ist jedoch nur mit einer gewaltigen inneren Anspannung möglich. Dabei wird der Körper in höchste Alarmbereitschaft versetzt. Es kommt zu Veränderungen der Botenstoffe im Gehirn, Stresshormone werden ausgeschüttet, das Immunsystem wird geschwächt. Zunächst handelt es sich dabei noch um ein normales Anpassungsphänomen, das auf der Basis unserer genetischen Ausstattung erlaubt, einem

Angriff standzuhalten. Ist der Stress nur gelegentlich und gelingt es dem Betroffenen, damit umzugehen, kommt seelisch und körperlich alles wieder ins Lot. Zieht sich die Situation jedoch länger hin, wird die Anpassungsfähigkeit überstrapaziert. Die ständige Aktivierung des neuroendokrinen Systems führt zu einer Schädigung, die sogar chronisch werden kann. Sie geht mit Symptomen wie Herzrasen, Beklemmungsgefühlen, Atemnot, Schlafstörungen, Reizbarkeit, Kopf- und Magenschmerzen, Verdauungsstörungen und Erschöpfungszuständen einher.

Die Journalistin Lauren Weisberger arbeitete nach ihrem Studium als persönliche Assistentin für die legendäre Herausgeberin der »Vogue«, Anna Wintour. Die Erfahrungen mit ihrer ehemaligen Chefin schildert sie in ihrem Schlüsselroman »Der Teufel trägt Prada«.[30] Miranda Priestly, Herausgeberin des Modemagazins »Runway« schikaniert ihre Mitarbeiterinnen von morgens bis abends. Die trauen sich noch nicht mal zur Toilette – Miranda könnte ja just in dieser Minute etwas von ihnen wollen. Spezialität des Hauses sind auch eiskaltes Übersehen und unmögliche Forderungen: »Bis ich vom Lunch zurückkomme, brauche ich einen neuen Koch. Er sollte mindestens zehn Jahre vorwiegend in französischer Küche vorweisen.« »Sehen Sie zu, dass die Pässe rechtzeitig bis zum Abflug heute Abend erneuert sind.« Mrs Priestly schafft es mühelos, ihre Assistentin an den Rand des Nervenzusammenbruchs zu bringen.

Das liest sich amüsant. Aber in Wirklichkeit haben solche Schikanen nicht den geringsten Glamour.

Natalie war Redakteurin, und zwar eine richtig gute. Die freien Autorinnen, die bisher mit ihr zusammengearbeitet hatten, schwärmten von ihr. Auf kluge Art verstand sie es, schon bei den Vorgesprächen zu einem Artikel anzuregen und ungewöhnliche Aspekte aufzuzeigen. Und wenn sie später das Ergebnis redigierte, mussten selbst empfindliche Edelfedern zugeben, dass es ihrem Werk guttat. Einige Jahre lang wurden Natalies Fähigkeiten auch in der Redaktion anerkannt und geschätzt. Dann wechselte die Chefredaktion, einige Stellen wurden neu besetzt. Man setzte Natalie eine junge Ressortleiterin vor die Nase, die für die Position so geeignet war wie ein Huhn zum Bergsteigen. Das wäre nicht weiter schlimm gewesen, wenn sie wenigstens Führungsqualitäten gezeigt und ihre bewährte Mitarbeiterin hätte machen lassen. Aber dazu war ihre Eitelkeit zu groß. Sie ertrug es einfach nicht, von einer gestandenen Redakteurin kritisiert zu werden. Natalie nahm nämlich kein Blatt vor den Mund, wenn ein Artikel durchgehen sollte, der oberflächlich recherchiert war oder zu wenig Substanz hatte. Die Rache der Ressortleiterin war fürchterlich: Was immer Natalie an Themen vorschlug, wurde als uninteressant abgeschmettert, ihre Einwände wurden als pingelig abgetan. Sie bekam nur noch unbedeutende Arbeiten auf den Schreibtisch. Natalie, die Vollblutjournalistin, litt. Schon morgens in der U-Bahn quälten sie Magenschmerzen im Blick auf die vor ihr liegenden Stunden. Am liebsten hätte sie das Handtuch geworfen. Kolleginnen, bei denen sie sich ausweinte, beschworen sie: »Das musst du durchstehen. Wo willst du denn hin? Du weißt doch, wie schwer es momentan ist, überhaupt einen Job in unserer Branche zu bekommen. Und dann in deinem Alter ...« Natalie hielt also aus Vernunftgründen aus, biss die Zähne zusammen und ertrug die täglichen Demütigungen. Bis zum Vorruhestand musste sie es noch schaffen, sonst sah es finanziell für sie nicht rosig aus.

Wenn Ihnen jemand wirklich übelwill, nutzt Ihnen Wohlverhalten wenig. Das heißt nicht, dass Sie schon bei den ersten Anzeichen aggressiv werden und Zeter und Mordio schreien sollen. Versuchen Sie es erst einmal mit einem sachlichen Gespräch nach den oben beschriebenen Kommunikationsregeln. Führt das zu keinem Ergebnis, haben Sie zumindest Ihren guten Willen gezeigt und können darauf verweisen. Dann aber ist Schluss mit lustig. Sie müssen kämpferisch reagieren, bevor Sie in einer Situation stecken, in der Sie nur noch kündigen können oder gar entlassen werden.

- **Legen Sie ein Protokoll an**
  Schreiben Sie sämtliche Provokationen und Aggressionen auf, mit denen man Ihnen begegnet. Etwa Beleidigungen, Zurückhalten von Informationen, Ausgrenzung, unzumutbare Arbeitsbedingungen, unpassende Arbeiten. Notieren Sie sich dazu Ort, Zeit und anwesende Personen. Sammeln Sie schriftliche Nachweise wie E-Mails, Briefe und Notizen. Am besten legen Sie sich dazu extra eine Mappe an.

- **Suchen Sie sich Zeugen**
  Leider geben die meisten KollegInnen in einem Klima der Unterdrückung häufig die Solidarität auf. Oft sind sie froh, dass sie nicht selbst von der Ungerechtigkeit oder Schikane betroffen sind, und machen es wie die berühmten chinesischen Affen: nichts sehen, nichts hören, nichts sagen. Doch vielleicht findet sich eine mutige Person, die bereit ist, Ihre Glaubwürdigkeit zu bestätigen.

- **Suchen Sie Unterstützung im Unternehmen**
  Der erste Ansprechpartner dürfte ein Vorgesetzter oder eine Vorgesetzte sein. Wenn es sich um eine wirkliche Führungskraft handelt, wird sie in der Lage sein, die Schikanen zu unterbinden. Zum Glück lernen inzwischen immer mehr Manager in Fortbildungsseminaren, wie man mit Konflikten bei Mitarbeitern umgeht.

Sind Sie in einem großen Unternehmen tätig, können Sie sich auch an den Personalchef wenden. Leider sitzen auf diesem Posten oft Leute, die tüchtig in der Verwaltung und fit im Arbeitsrecht sind, aber weder die Qualifikation noch die Zeit haben, sich mit Beziehungsproblemen im Job zu beschäftigen. Trotzdem sollten Sie es versuchen. Es lohnt sich auch, den Betriebsrat oder einen Vertreter der Gewerkschaft anzusprechen.

- **Lassen Sie sich krankschreiben**
  Wenn Sie bereits unter schweren Folgen von Schikane zu leiden haben, ist es das Beste, sich erst einmal vollständig aus dem schädlichen Umfeld zu entfernen. Oft haben die Betroffenen Angst davor, weil sie glauben, dann sei offenkundig, wie wenig belastbar sie sind. Oder man könnte ihnen kündigen. Trotzdem: Heilung ist nur möglich, wenn Sie nicht mehr täglich den Quälereien ausgesetzt sind. Die Auszeit sollten Sie nutzen, um sich mit fachlicher Hilfe zu stabilisieren.

- **Holen Sie sich psychotherapeutische Hilfe**
  Hier geht es nicht darum, irgendwelche Defizite aus Ihrer Kindheit aufzuarbeiten. Sie brauchen eine Fachkraft, die Ihnen hilft, seelisch wieder auf die Füße zu kommen. In den Sitzungen sollen Sie Ihre Kraft wiedergewinnen. Außerdem üben Sie dort das Know-how ein, mit dem Sie sich zur Wehr setzen können Eine gute Therapeutin steht Ihnen zur Seite und schreibt Ihnen falls nötig auch ein Gutachten, mit dem Ihre seelische Beeinträchtigung dokumentiert wird.

- **Lassen Sie sich juristisch beraten**
  Sie haben mehr Rechte, als Sie glauben. Erst kürzlich stand in der Zeitung, dass die ehemalige Angestellte eines Bankhauses eine beträchtliche Summe Schmerzensgeld

für die abwertende Behandlung bekommen hat, die sie dort erdulden musste. Sie war zwar nicht die einzige Mitarbeiterin, die schikaniert wurde, aber die einzige, die sich traute, den Fall anzuzeigen.

Man kann Sie auch nicht einfach so auf die Straße setzen, nur weil jemandem Ihre Nase nicht passt und er mit Quälereien dafür gesorgt hat, dass Sie nicht mehr voll leistungsfähig sind. Suchen Sie einen Rechtsanwalt auf, der sich auf Arbeitsrecht spezialisiert hat. Informieren Sie ihn umfassend. Ihre Protokollmappe ist dabei eine gute Grundlage. Er wird Ihre Rechte juristisch vertreten, ganz sachlich und hoffentlich knallhart.

Flüchten oder standhalten?

Sie haben mit allen Mitteln erfolgreich gekämpft und haben jetzt die Wahl: Sie können auf Ihrem Arbeitsplatz beharren – oder gehen und etwas Neues anfangen. Die Entscheidung müssen Sie natürlich selbst treffen, aber nach meiner langjährigen Erfahrung ist es besser, den Schauplatz zu verlassen. Auch wenn Sie am Ende Ihr Recht bekommen, die Erde ist verbrannt. Wollen Sie wirklich noch auf Kolleginnen treffen, die keinen Finger für Sie gerührt haben? Wollen Sie weiter für diesen Vorgesetzten tätig sein, der Sie abgewertet hat und sich jetzt notdürftig zusammennimmt, weil er sonst schlechte Karten hat? Glauben Sie, dass Sie unter solchen Bedingungen gute Arbeit leisten können? Wenn es irgend möglich ist, empfehle ich Ihnen, sich zumindest langfristig intensiv nach etwas Neuem umzusehen.

Aber was ist, wenn Sie aushalten müssen, weil Sie keine

Chance sehen, irgendwo anders einen Job zu bekommen oder noch ein paar Jahre bis zur Rente haben?

Ich kann Ihnen nur ans Herz legen: Essen Sie lieber trockenes Brot, als dass Sie auf Ihrer Selbstachtung herumtrampeln lassen. Ich kenne genügend Leute, die um finanzieller Sicherheit willen in ihrem Job in unwürdigen Zuständen ausgeharrt haben. Am Ende verpasste man ihnen trotz aller Duldsamkeit einen Fußtritt.

Ich weiß wohl, dass es sehr schwer ist, sich zu lösen und ins Nichts zu springen. Das macht eine Höllenangst. Während Sie den Befreiungsschlag tun, ist nämlich meist noch nichts Neues in Sicht, und das bedroht die Existenz: Werde ich woanders Arbeit finden? Kann ich weiterhin meine Miete bezahlen? Was ist mit dem laufenden Kredit? Auch Ihr Lebensentwurf steht auf dem Prüfstand: Beginnt jetzt der Abstieg? Werde ich einsam sein? Kräht überhaupt noch ein Hahn nach mir?

Natalie wagte schließlich den Sprung trotz dieser Bedenken. Fast zwei Jahre lang hatte sie stillgehalten. Doch dann fiel eines Tages der Tropfen, der für sie das Fass zum Überlaufen brachte. Die Ressortleiterin knallte ihr ein redigiertes Manuskript auf den Schreibtisch und zischte sie an: »Das ist Schrott. Sie sind ja wohl zu blöd, um die simpelste Arbeit richtig zu machen.« Da legte sich bei Natalie innerlich ein Schalter um. Sie sagte nichts zu dieser Entgleisung. Am nächsten Tag reichte sie die Kündigung ein.

Arbeitslos

Noch härter, als aus eigenem Entschluss zu gehen, ist es, entlassen zu werden. Eine Erfahrung, die heutzutage junge, gut ausgebildete Frauen und Männer ebenso machen wie ältere. 54 Prozent der Frauen der Jahrgänge 1949 bis 1961 waren bis zu ihrem 40. Lebensjahr mindestens einmal arbeitslos.[31] Nicht mehr gebraucht zu werden oder gar auf staatliche Hilfe angewiesen zu sein geht an die Selbstachtung. »Irgendwann kommt man an den Punkt, wo man glaubt, dich will doch sowieso keiner mehr«, sagt Klaus Peter Weisbarth. »Ich kann verstehen, wenn Menschen dann aufgeben.« Der 53-jährige KFZ-Meister war 18 Monate lang arbeitslos. In dieser Zeit hat er 60 Bewerbungen geschrieben und fast nur Absagen erhalten – oder auch gar keine Antwort. »Und das ist das Schlimmste daran: Überhaupt keine Antwort zu bekommen. Das gibt einem das Gefühl, noch nicht einmal ein kurzes Ablehnungsschreiben wert zu sein.[32]

In unserer westlichen Welt hängt der Wert eines Menschen eng mit seiner beruflichen Tätigkeit zusammen. Eine Tatsache, die wir verinnerlicht haben. Warum sonst sagt zum Beispiel eine Frau, die daheim den Laden schmeißt, sie sei »nur« Hausfrau, obwohl sie sicher genau so viel arbeitet wie ihre berufstätigen Schwestern? Keinen Beruf auszuüben bedeutet, in den Augen der anderen weniger Prestige zu haben. Arbeitslos zu sein, ist oft ein – wenn auch unverschuldeter – Makel. Das geht nicht spurlos an einem vorüber.

Wenn Sie selbst davon betroffen sind, müssen Sie sich vom ersten Moment an immer wieder Ihren eigenen Wert bestätigen. Sagen Sie sich: »Dass ich nicht mehr an meinem alten Arbeitsplatz bin, ist ein herber Verlust – für meinen ehemaligen Arbeitgeber!« Sie nehmen nämlich etwas sehr Wertvolles und Unersetzliches mit: Ihre Erfahrung und Ihre Kompetenz. Darauf können Sie sich auch anderswo verlassen. Seien Sie stolz darauf.

Ob Sie nun freiwillig oder gezwungen arbeitslos sind, in dieser Phase brauchen Sie unbedingt Vertrauen in sich und in Ihre Zukunft. Das ist keine Gottesgabe, sondern eine geistige Einstellung, die Sie sich intensiv erarbeiten müssen. Vielleicht hilft Ihnen dabei der Gedanke, dass das Leben ohnehin einen ständigen Wandel bedeutet. Jede Sicherheit im Beruf – auch die derjenigen, die Sie jetzt vielleicht um ihre feste Stelle beneiden – ist trügerisch. Neue Studien haben ergeben, dass ein Drittel derjenigen, die eine Ausbildung haben, früher oder später nicht nur ihren Arbeitsplatz, sondern sogar ihren Beruf wechseln müssen. Deshalb sollten Sie, auch wenn es schwerfällt, beharrlich die folgenden mentalen Schritte anwenden:

- **Werden Sie mit der Angst fertig**
  Angst vor der Zukunft ist ein schlechter Ratgeber, sie zieht Sie herunter. Um Ihre Angst zu verringern, verwandeln Sie Sorge in Vorsorge. Finden Sie heraus, wie und wo Sie fachliche Unterstützung bekommen. Aktivieren oder knüpfen Sie Netzwerke, in denen Chancen und Informationen ausgetauscht werden. Lassen Sie sich von Menschen inspirieren und aufmuntern, die eine ähnliche Lage bereits erfolgreich gemeistert haben.

- **Lassen Sie die alte Situation los**
  Es hat wenig Sinn, früheren Bedingungen nachzutrauern. Oder noch immer wütend und gekränkt zu sein, weil man Sie so missachtend behandelt hat. Das bindet nur Ihre Energie. Ziehen Sie bewusst einen Schlussstrich unter die Vergangenheit und schauen Sie ab jetzt nach vorne. Was wollen Sie erreichen?

- **Benennen Sie die Situation um**
  Worte sind wie Zaubersprüche. Wenn Sie die richtigen anwenden, verändern Sie damit Ihr Denken und bauen sich selbst auf. Also: Sie haben kein *Problem*, sondern stehen vor einer neuen *Herausforderung*. Das ist keine *Krise*, sondern eine *Chance*. Sie sind auch nicht *arbeitslos*, son-

dern auf der Suche nach einer *neuen befriedigenden Tätig-keit.*

- **Sprechen Sie gut über Ihre Situation**
Sich positiv zu äußern ist nicht nur wichtig für Ihre Aus-strahlung auf Ihre Umgebung, sondern vor allem für Sie selbst. Ihr Unterbewusstes hört nämlich immer mit, wie ein neugieriges Kind, das seine Eltern belauscht. Betonen Sie vor sich und anderen, was Ihnen die unfreiwillige Ru-hepause alles Gutes bringt. Zum Beispiel Zeit, um über Ihre Berufung nachzudenken und eine Fortbildung zu ma-chen. Oder die Möglichkeit, sich Freunden und der Fami-lie zu widmen.

- **Holen Sie sich eine Transfusion**
Zugegeben, es ist nicht einfach, immer nur Kraft aus sich selbst zu schöpfen. Besorgen Sie sich deshalb eine Portion Unterstützung bei Menschen, die Sie lieben. Weil die nicht Gedanken lesen können, sollten Sie Ihre Bedürf-nisse klar und deutlich äußern: »Bitte nimm mich mal in den Arm, ich brauche das jetzt.« »Kannst du mir sagen, was du an mir magst?« »Ich möchte mit dir ins Kino ge-hen, um mich abzulenken.«

- **Entwickeln Sie den Samurai-Geist**
Sie werden doch nicht aufgeben, nur weil der Wind von vorne bläst? Also, wecken Sie den kämpferischen Geist in sich und kultivieren Sie Ihren Mut. Lesen Sie Biographien von Leuten, die es geschafft haben, aus ihrem Leben ei-nen Erfolg zu machen. Die wurden oft noch ganz anderen Prüfungen unterworfen. Wie etwa der englische Physiker Stephen Hawking, dessen Buch »Eine kurze Geschichte der Zeit« ein Welterfolg wurde. Eine Nervenerkrankung fesselt ihn an den Rollstuhl, und mit seiner Umwelt kann er sich nur per Computer verständigen.

Ich persönlich glaube fest daran, dass uns das Schicksal mit jeder scheinbaren Katastrophe einen Schubs in die passende Richtung geben will. Nach dem Motto: »Klammer dich hier nicht fest, nur weil es so schön bequem ist. Setze lieber alles dafür ein, endlich deine Berufung zu leben.« Ganz sicher gibt es für Sie wieder eine passende Tätigkeit, und wahrscheinlich sogar eine bessere.

Sie finden diese Hoffnung blauäugig? Keineswegs, wie die Studien des Psychologie-Professors Charles Snyder und seiner Mitarbeiter von der Universität Kansas belegen. Snyder fand heraus, dass eines der wichtigsten Fundamente für Erfolg die Hoffnung ist. Dabei hat Hoffnung nichts mit einem platten Alles-wird-gut-Denken zu tun, es handelt sich um eine die Persönlichkeit bestimmende ganz besondere Stärke. Snyder fand heraus, dass »high hopers«, Menschen, die besonders hoffnungsvoll in die Zukunft blicken, ihren Willen gegen alle Widrigkeiten des Lebens aktivieren. Im Kern wird Hoffnung als ein zielorientiertes Konzept definiert: Hoffnungsvolle Menschen setzen sich realistische, sinnvolle Ziele und motivieren sich, sie auch zu erreichen. Damit ist Hoffnung keine reine Gefühlssache, sondern ebenso abhängig von rationalen Fähigkeiten. Snyders Untersuchungen zeigten, dass »high hopers« bei sämtlichen kleineren und größeren Leistungs- und Lebensprüfungen am besten abschnitten. Der Unterschied zu »low hopers«, Menschen mit geringer Hoffnung, wurde besonders daran deutlich, wie sie mit Hindernissen umgingen. Während »low hopers« Scheitern mit einem deprimierten »Ich habe mir schon gedacht, dass es so enden würde« kommentierten, beschäftigten sich »high hopers« meist umgehend damit, nach Lösungen zu suchen.[33] Snyder stimmt schließlich dem Schriftsteller Gilbert Chesterton zu, der gesagt hat: »Den Kampf ums Dasein werden diejenigen gewinnen, die zehn Minuten nach einer Katastrophe wieder anfangen zu begreifen, dass es immer noch genug Hoffnung gibt.«[34] Vermutlich brauchen wir dazu alle ein bisschen länger, aber Ihre Hoffnung auf etwas Besseres sollten Sie auf keinen Fall aufgeben.

Ich habe die Geschichte von Natalie noch nicht zu Ende erzählt: Nachdem sie in der Redaktion gekündigt hatte, meldete sie sich bei einer Autorin, mit der sie früher gerne gearbeitet hatte. Zufällig schrieb die gerade an einem Sachbuch und wünschte sich dabei kompetente Unterstützung. So kam Natalie zu ihrer zweiten Karriere, in der sie sich glücklich fühlt. Heute ist sie freie Lektorin und Literaturagentin.

Kapitel 6: Je älter, desto wertvoller

Darf ich mal fragen, wie alt Sie sind?

Sie sind *unter 40*? Dann haben Sie vermutlich den Impuls, diese Seiten zu überblättern, schließlich ist das Thema für Sie nicht aktuell. Irrtum, meine Liebe! Ihr Alter hat schon begonnen. Nein, nicht nur körperlich – wir wissen ja, dass es physisch ab 20 bergab geht –, sondern auf der sozialen Ebene. Mit Ihrer Einstellung zum Altern und zu alten Menschen bereiten Sie heute Ihre eigene Zukunft vor. Es dauert nicht mehr lange, dann sind Sie dran. Und dann werden Sie ernten, was Sie gesät haben: Respekt und Wertschätzung – oder Verachtung und Ablehnung. Die nachfolgende Generation schaut Ihnen nämlich jetzt schon ab, wie man mit Älteren umgeht. »Lernen am Modell« nennen das die Verhaltenspsychologen.

Sie sind *über 40*? Dann ist es wahrscheinlich höchste Zeit, dass Sie an einem neuen Bewusstsein arbeiten. Frank Schirrmacher schreibt in seinem Bestseller »Das Methusalem-Komplott«: »Für unsere Zukunft ist nichts so notwendig wie das Selbstbewusstsein der Älteren.«[35] Umzudenken wird allerdings kein Zuckerschlecken. Sie müssen gegen den Strom schwimmen und mutig aus der Rolle fallen. Sie müssen laut und sichtbar werden, Sie brauchen Kampfgeist und Energie. In einem Artikel über das Altern schreibt der Autor Wolf Reiser: »Ein grandioser Beweis dafür, jung geblieben zu sein, ist hinterbracht, wenn es uns gelingt, uns von der allgemeinen Alterungsprogrammierung nicht beeindrucken zu lassen.«[36] Genau da liegt die Hürde. Was bis heute über das Altern vermittelt wird, ist zum größten Teil Abwertung.

Die fatale Altersprogrammierung

- Auf dem Arbeitsmarkt zählen Sie ab 40 schon zu den Älteren. Man hält Sie für nicht mehr up to date und unflexibel. Und zu teuer sind Sie sowieso. Je eher man Sie los wird, desto besser. Einen neuen Job bekommen Sie nur schwer oder gar nicht mehr.
- Die Demographen, unisono mit den Politikern, malen ein Schreckensbild an die Wand: Die vergreisende Gesellschaft raubt den Jungen Geld und Zukunft.
- In der Gesundheitspolitik werden die Alten zum Problem. Unvorsichtige Jungpolitiker deuten schon mal an, Personen über 60 müssten doch kein teures künstliches Hüftgelenk mehr bekommen.
- In Ratgebersendungen zum Thema Alter wird mit Vorliebe über Alzheimer, Schlaganfälle und altersbedingte Krankheiten gesprochen. In der Zeitung liest man von skandalösen Zuständen im Seniorenheim oder unrechtmäßiger Entmündigung alter Menschen.
- In der TV-Werbung verteilen Opas gütig lächelnd Bonbons an ihre Enkel, weißhaarige Omas loben Würstchen mit Tradition. Die etwas jüngeren Alten freuen sich, dass dank Kukident ihr Gebiss noch haftet und dass sie mit einer Spezialwindel ihre Inkontinenz in den Griff bekommen.
- Die Kosmetikindustrie setzt zwar verstärkt grauhaarige Models ein, aber überwiegend, um Anti-Aging-Produkte besser zu vermarkten. Die wiederum suggerieren, dass Fal-

ten etwas sehr Hässliches sind, dem man unbedingt den Kampf ansagen muss.

Ziemlich schwer, sich bei diesen geballten Anti-Age-Kampagnen noch seines Wertes bewusst zu bleiben. Und das sind nur allgemeine Beispiele. Die eigentliche Auseinandersetzung findet täglich konkret zwischen Jung und Alt statt. Einer der Hauptschauplätze ist der Beruf.

Krieg der Generationen oder Zusammenarbeit

Seit ein paar Monaten bekommt Sabine, eine 47-jährige Innenarchitektin, von dem Möbelhaus, für das sie seit Jahren erfolgreich tätig ist, keinen Auftrag mehr. Der Leerlauf begann kurz nachdem sich der Seniorchef zurückgezogen hatte und sein 30-jähriger Sohn den Laden übernahm. Der vergibt seitdem die Arbeiten, die Sabine sonst bekommen hat, an Designer aus seinem Freundeskreis. Ziemlich fassungslos sagt Sabine: »Ich könnte das ja noch verstehen, wenn meine Arbeit altmodisch oder überholt wäre. Aber das ist sie nicht. Verglichen mit dem, was diese jungen Leute machen, sind meine Entwürfe interessanter und haben mehr Stil. Außerdem sind sie solider ausgeführt. Das bestätigen mir viele Kunden.« Sabine hat versucht, mit dem neuen Chef darüber zu reden. Der sagte nur von oben herab: »Wie lange sind Sie schon hier? Zehn Jahre? Da verstehen Sie doch sicher, dass wir Neues probieren wollen.«

Für die meisten Betroffenen ist die Erkenntnis, dass sie nur wegen ihres Alters aus der beruflichen Gemeinschaft ausgegrenzt werden, ein Schock. Tatsächlich kann man fast überall, wo Jüngere das Heft in die Hand bekommen, beobachten, dass sie die älteren Mitarbeiter systematisch kaltstellen.

Frank Schirrmacher spricht sogar von einem Krieg der Generationen: »Er ist der modernste, weil er seit Jahrtausenden in der Menschheit nur als psychologischer Krieg, als Krieg der Worte und Demütigungen geführt wird. Die Jungen töten die Alten, indem Sie die Identität der Alten zerstören. Das geschieht fast ausschließlich mit den Mitteln der Sprache und der Bilder. Die psychologische Kriegsführung zerstört das Selbstbewusstsein des Menschen, indem sie dem Alternden das Vertrauen in seine Schönheit, seine fünf Sinne und vor allem seinen Verstand raubt.«[37]

Ich erinnere mich an eine damals 25-jährige Klientin. Selbstbewusst äußerte sie sich über eine ältere Frau in ihrer Firma, die sich mit ihr zusammen um ein Projekt bewarb. »Die versucht krampfhaft, mit langen Haaren und ihrem Knitterdekolleté mitzuhalten. Aber keine Chance, den Job kriege ich.« Heute müsste diese Klientin 45 sein, vermutlich auch mit nicht mehr taufrischem Ausschnitt. Wie es ihr wohl geht? Vielleicht wird sie gerade von einer gnadenlosen Jüngeren ausgebootet.

Wenn es tatsächlich ein Krieg ist, dann handelt es sich um keinen Kampf, in dem sich zwei Parteien fair miteinander messen. Was sich in den Büros, den Geschäften, den Medien oder wo auch immer, abspielt, ist kälter und tückischer: Die älteren Mitarbeiterinnen und Mitarbeiter werden einfach ausgegrenzt. In den Fällen, die mir bekannt sind, haben die Jüngeren offenbar gar nichts gegen die Älteren persönlich. Sie arbeiteten nur halt lieber mit ihrer eigenen Altersgruppe zusammen. Und da inzwischen ein Generationenwechsel stattgefunden hat und überwiegend Jüngere an der

Macht sind, setzen sie das mit verblüffender Egozentrik durch. Sie halten sich und ihre Altersgenossen für den Nabel der Welt.

Ältere werden oft auch deshalb aus dem beruflichen Kreis herauskatapultiert, weil sie mit ihrem Anspruch an Qualität lästig sind. Anstatt von ihrer Erfahrung zu profitieren, fühlen sich die Jüngeren durch ihre Einwände gestört oder kleingemacht.

Eine 58-jährige Lehrerin erzählte mir folgendes Erlebnis: In einer Konferenz hatte sie es gewagt, eine Idee des wesentlich jüngeren Schulleiters zu kritisieren. Aus langjähriger pädagogischer Erfahrung wusste sie, dass sein Vorschlag nicht funktionieren würde. Als sie nach der Konferenz in ihrem Klassenzimmer noch Arbeitspapiere sortierte, stürmte der junge Mann herein, baute sich vor ihrem Schreibtisch auf und schrie mit hochrotem Kopf: »Ich dulde nicht, dass Sie meine Autorität untergraben!«

Ein guter Generationen-Vertrag

Was kann man gegen die Abwertung älterer Mitarbeiterinnen am Arbeitsplatz tun? Hier sind alle Generationen aufgerufen:

Wenn Sie noch zu den Jüngeren zählen, dann schulen Sie Ihr Bewusstsein. Schauen Sie über den Tellerrand Ihrer Generation. Vielleicht macht es ja mehr Spaß, mit Gleichaltrigen Konzepte auszutüfteln oder im Team zu arbeiten. Doch wenn Sie klug sind, dann beziehen Sie die Älteren mit ein. Deren Erfahrung und Besonnenheit kann von großem Wert sein und Ihren Ideen ein Fundament geben. Die Vorstellungen der Jungen sind oft mangels Erfahrung unausgegoren, die Beiträge der Älteren oft zu routiniert. Aber die Kombination von jungen, frischen Impulsen und im besten Sinne konservativen Grundlagen ist in ihrer Qualität unschlagbar. Inzwischen steigt zumindest schon bei einigen klugen Arbeitgebern dafür das Bewusstsein. So inserierte der Coburger Autozulieferer Brose: »Senioren gesucht«. Man hielt tatsächlich Ausschau nach 50+. Aus gutem Grund: Nachdem auch hier zunächst der Jugendwahn gegriffen hatte und nur noch junge Leute eingestellt worden waren, fehlte die Erfahrung der Älteren. Fehler schlichen sich ein, bewährte Arbeitsmethoden wurden vernachlässigt, die Effizienz sank.[38]

Sicher, ältere Mitarbeiter und Mitarbeiterinnen sind nicht automatisch ein Gewinn. Unter ihnen gibt es auch solche, die stur oder überheblich sind. Ein junger Artdirector beklagte sich, welche Schwierigkeiten er mit einem älteren Fotografen während einer Produktion für eine Werbekampagne in Südafrika hatte. »Nie wieder!«, stöhnte er. »Anstatt sachlich zu diskutieren, musste der Typ mir ständig beweisen, wie erfahren er war und wie wenig Ahnung ich hatte. Dabei waren seine Ansichten zum Teil längst überholt.«

In dem Fall ist ein offenes Wort nötig. Wenn Sie es diplomatisch äußern, dürfte es hoffentlich richtig ankommen. Sollte jemand allerdings trotz Ihrer Bemühungen weiterhin querschießen, hat er sich die Folge selbst zuzuschreiben. Das ist dann keine Alters-, sondern eine Charakterfrage.

Und wenn Sie zu den Älteren gehören, die man auszugrenzen versucht? Dann gilt zunächst einmal alles, was ich im Kapitel »Behalten Sie Ihren Wert im Beruf« aufgeführt habe: Lassen Sie sich als älterer Mensch nicht einfach zur Seite drängen, kämpfen Sie um Ihr Recht. Aber ich möchte das gerne noch mit einem besonderen Rat ergänzen: Kultivieren Sie keinen Hass auf Ihre jüngeren Vorgesetzten oder KollegInnen. Die Gefahr ist groß, dass Sie bitter werden und anfangen, mit Ihren Waffen zurückzuschlagen. Etwa indem

Sie sich in Gesprächen verächtlich äußern: »Die haben doch überhaupt keine Ahnung.« Oder den Jüngeren die Mitarbeit verweigern: »Sollen sie doch damit auf den Bauch fallen, geschieht ihnen recht.« Springen Sie über Ihren Schatten und bleiben Sie loyal. Das zahlt sich am Ende aus – und sei es nur, dass Sie sich nichts vorzuwerfen haben. Als ein englischer Lord gefragt wurde, warum er einem Gegner, der ihn herabsetzte, nicht mit gleicher Münze heimzahlte, antwortete er: »Ich lasse mein Verhalten nicht von anderen bestimmen.«

Die Chancen, dass Ihre individuellen Bemühungen um eine friedliche Zusammenarbeit bald auch von der Gesellschaft unterstützt werden, stehen gut. Bei der wachsenden Anzahl älterer Menschen und steigender Lebenserwartung kommen wir nicht umhin, konstruktive Formen zu entwickeln, wollen wir nicht alle finanziell, sozial und psychisch Schaden nehmen. Schirrmacher beschreibt es so: »Wir müssen verlernen, was unsere Kultur und unsere Biologie uns über das Alter eingaben. Sie haben, um es trivial auszudrücken, nicht mehr recht. Es ist vorbei mit der unbestrittenen Herrschaft der Jugend über das Alter. Aber es ist auch vorbei mit dem klassischen Altenteil. (…) Keine andere Generation stand in ihrer zweiten Lebenshälfte vor einer vergleichbaren Aufgabe.«[39] Wer das nicht einsieht und sich mit seinem Handeln rechtzeitig darauf einstellt, ist dumm und borniert – und das ist keine Frage des Alters.

Jugend nachahmen oder jung bleiben

Wir belächeln Männer um 50, die röhrend mit ihrer Harley Davidson vorfahren, die »cool«, »geil« und »mega« in ihren Wortschatz aufnehmen und sich damit bei den Freunden ihrer Kinder anbiedern. Die neuerdings T-Shirts mit witzigem Aufdruck tragen und hektisch mit dem Joggen anfangen. Ist wohl in der Midlife-Crisis, der Arme.

Kein Grund für uns Frauen, überheblich zu werden. Auch wir haben die Neigung, uns jugendlich zu machen, nur auf einem anderen Terrain: Wir basteln dazu an unserem Aussehen.

Jemand schätzt Sie glatt ein paar Jahre jünger, als Sie tatsächlich sind. Freut Sie das? Wenn nicht, sollte mich das wundern. Nur Kinder und Jugendliche sind stolz, wenn man sie für älter hält. Der knapp sechsjährige Sohn einer Freundin war tödlich beleidigt, als ich meinte, er sei erst fünf. Und ein mir bekannter Teenager freute sich wie Bolle, dass er es ohne Ausweis in die Disco geschafft hatte. Leider verliert sich dieser positive Umgang mit dem optischen Älterwerden recht schnell. Allerdings geben wir das ungern zu. Wenn es nicht gerade im vertrauten Kreise ist, dann tun wir so, als seien solche Äußerlichkeiten für eine intelligente Frau doch kein Thema. Schließlich kommt es auf die innere Schönheit an.

Ich glaube den Frauen, die jede Falte im Gesicht freudig als gelebtes Leben begrüßen, nicht so recht. So jubelte etwa der 72-jährige Filmstar Shirley MacLaine in einem Interview: »Herrlich! Endlich bin ich die komische Alte, die ich immer spielen und sein wollte.« Auf hartnäckiges Nachfragen des Interviewers gab sie dann allerdings doch zu: »Natürlich zwickt es ein bisschen, sich Fotos anzusehen, auf denen man jünger ist. Was der Grund ist, dass ich die vielen

Alben auf dem Hängeboden in einer Truhe verstaut habe. Die Truhe ist mit einem Sicherheitsschloss versperrt, den Schlüssel habe ich weggeworfen, damit ich gar nicht erst in Versuchung komme«.[40]

Klipp und klar: Es ist einfach nicht toll, wenn sich im Gesicht Falten bilden, die Augenlider hängen, der Busen schlapp macht und die Haut an den Armen wabbelt. Aber früher oder später passiert das nun mal, und dann ist es mit der jugendlichen Schönheit vorbei. Wohlgemerkt, mit der *jugendlichen* Schönheit. Die Schönheit selbst kann in gewandelter Form, vor allem in Stil, Haltung und positiver Ausstrahlung, lebenslang bleiben. Dafür stehen die vielen attraktiven Frauen im reifen Alter. Lauren Hutton zum Beispiel. Schon in jungen Jahren zählte sie zu den Topmodels und ist noch heute, mit 63 (!) Jahren, gut im Geschäft, trotz Zahnlücke und Falten. Sie sagt: »Ich bin davon überzeugt, dass Selbstbewusstsein und Individualität jeden Menschen gut aussehend und strahlend machen.« Oder Senta Berger, 65, deren Aussage man glauben darf: »Ich habe überhaupt kein Problem mit dem Alter, weder mit meinem noch mit dem anderer. Männer über 50 können genauso attraktiv sein wie Frauen über 50.«[41]

Schneiden nutzt nix

Doch nicht alle Frauen sehen das so positiv und gelassen. Manche wollen sich nicht damit abfinden, dass sie äußerlich altern, und legen sich unters Messer. Über Schönheitschirurgie haben wir zwar schon im Kapitel »Schönheit« gesprochen, aber hier geht es um eine besondere Variante: Das Lifting soll wieder jung aussehen lassen.

Ich gestehe, ich habe es auch getan: Mir vor dem Spiegel die Hände flach an die Ohren gelegt und die Gesichtshaut straff nach hinten gezogen. Wie mit dem Zauberstab verschwanden sofort sämtliche Falten um Mund und Nase. Und wenn ich etwas weiter oben ansetzte, dann hatte ich auch eine makellose Stirn. Interessant, so also würde ich nach einem Lifting aussehen. Mein Gesicht war zwar glatt, aber es war nicht mehr meins, irgendwie stimmten die Proportionen nicht. Der Mund war zu breit, das Kinn zu kurz. Ich habe die Hände schnell wieder heruntergenommen.

Nun kann man natürlich dagegenhalten, dass ein fähiger Schönheitschirurg so behutsam ändert, dass man hinterher nicht fremd aussieht, sondern nur »gut erholt«, wie es so schön heißt. Bei einigen Prominenten ist der Eingriff offenbar tatsächlich erfolgreich gewesen. Plötzlich sehen sie irgendwie straffer aus als vorher. Sie erzählen dann gerne, dass sie ihr jugendliches Aussehen ihren guten Genen und zwei Litern Mineralwasser pro Tag verdanken. Nun ja. Es ist nicht ohne Reiz, mit dem Gedanken zu spielen, auch mal ein bisschen nachhelfen zu lassen. Nur wer garantiert einem denn, dass das Lifting auch hundertprozentig klappt? Gehen wir mal davon aus, dass Prominente durch Tipps von Kolleginnen leichter an gute Adressen kommen als unsereins, also in die besten Hände geraten müssten. Trotzdem denkt man beim Anblick mancher gelifteten 40+ in den Hochglanzmagazinen keineswegs: Die schaut jetzt aber jung und schön aus! Der Autor Jan Jepsen drückt es noch poetisch aus, wenn er in »Brigitte Woman« sagt, bei manchen Prominenten mit gestraffter Haut habe man den Eindruck, sie seien hinter ihrem eigenen Gesicht eingesperrt.[42] In den meisten Fällen sehen sie aus wie Breitmaulfrösche mit eingefrorener Mimik. Ich will hier keine Namen nennen, aber Sie wissen schon, wen ich meine. Diese Hollywood-Schauspielerin etwa, die in romantischen Komödien die Herzen der Zuschauer eroberte. Nach einem Lifting sieht sie regelrecht entstellt aus. Oder die deutsche Filmschauspielerin, die in jungen Jahren ein hübsches Gesicht hatte und heute sicher auch noch charmant aussähe, hätte sie nicht ihrem Chirurgen vertraut. Inzwischen bescheinigen ihr boshafte Journalisten eine verblüffende Ähnlichkeit mit dem Außerirdischen ET.

Ich möchte Ihnen ja nicht dreinreden, wenn Sie Ihre Schlupflider heben, Ihre Hängebäckchen oder Ihr Doppelkinn retuschieren lassen wollen. Aber mein Fazit aus dem, was ich bisher gesehen habe, ist: Lassen Sie die Finger von der Chirurgie, wenn Sie glauben, durch ein Gesichtslifting wieder *jung* auszusehen. Das funktioniert nicht. Falls Sie nicht permanent mit langen Ärmeln und Rollkragen auftreten wollen, müssen Sie dazu nämlich noch mehr straffen lassen: Ihren Hals, Ihre Oberarme (gibt hässliche Narben!), Ihre Hände (man wird das Alter trotzdem an den knotigen Fingern sehen), Ihre Brust, Ihren Bauch, Ihren Hintern, Ihre Oberschenkel (man sieht das Alter trotzdem an Ihren Knien). Und selbst wenn Sie sämtliche Operationen erfolgreich hinter sich hätten, würde man Sie trotzdem nicht für jung halten, weil sich Ihr wahres Alter durch den Zustand Ihrer Haut und Ihre Bewegungen verrät.

Auch die aufwendigste Schnippelei macht aus einem älteren Menschen keinen Jugendlichen.

Also keine Chance, jung zu wirken? Doch, es ist es möglich, sogar bis ins hohe Alter hinein, und das ganz ohne Lifting. Das bestätigt auch Katrin Riebartsch, Chefredakteurin der »Madame«: »Wie alt wir sind, entscheiden wir selbst. Behaupte ich mal. Weil es davon abhängt, wie sorgsam wir mit uns umgehen (Sport! Essen! Styling! Pflege! Gesundheit!). Und vor allem davon, was sich in unserem Kopf abspielt. Ob wir der Erfahrung Visionen entgegensetzen können, den Tatsachen Träume, den Zweifeln Optimismus, den Fältchen Humor.«[43] Und Wolf Reiser ergänzt: »Es geht nicht darum, sich jung zu stellen und sich dank kosmetischer Verjüngungskunst unter die Teenies zu mischen, sondern sich von dem absurden gesellschaftlichen Diktat zu befreien, dass jung das Gegenteil von alt ist.«[44]

Die besten Anti-Aging-Strategien beginnen im Kopf

Wir alle kennen solche tollen Frauen, die älter werden und scheinbar immer jung bleiben – auch mit Falten und grauen Haaren. Sie flirten mit Erfolg, sind bei allen Generationen beliebt, haben ihren Spaß. Grund genug, um ein bisschen neidisch zu fragen: Wie machen die das? Das Geheimnis ist entschlüsselt: Sie denken und fühlen jung. Jung heißt nicht, sich betont jugendlich zu geben. Es ist eine Grundhaltung, die viel mit Aufgeschlossenheit, Optimismus und Lebendigkeit zu tun hat. Und hier ist das Programm dazu. Das können Sie übrigens vorbeugend auch dann schon anwenden, wenn Sie erst 22 Jahre alt sind.

• **Entrümpeln Sie Ihre geistigen Schubladen**

Alles schon mal gesehen, alles schon mal gehört? Lebenserfahrung führt leicht dazu, dass wir geistige Schubladen einrichten. In die packen wir dann automatisch hinein, was uns begegnet. Etwa: Männer sind nicht in der Lage, über Gefühle zu reden. Junge Kolleginnen haben keine Ahnung. Mit Komplimenten will man Sie nur einwickeln.

Statt schon bei den ersten scheinbar vertrauten Signalen die Schublade aufzuziehen, schauen Sie genauer hin: Übertrage ich gerade eine alte Geschichte? Gibt es wirklich nur diese eine Art, die Dinge zu sehen? Könnte ich die Situation auch anders interpretieren? Der kleine Check hilft gegen Vorurteile und hält Ihren Blick frisch.

- **Erlauben Sie sich Gefühle**
  Ein reifer Mensch ist abgeklärt? Bitte nicht zu sehr! Es
  sind nämlich Ihre Gefühle, die Sie jung und lebendig halten. Spüren Sie, was Sie bewegt, und drücken Sie es aus.
  Lachen Sie herzhaft. Genieren Sie sich nicht, bei Liebes-
  filmen gerührt in Ihr Taschentuch zu schluchzen. Lassen
  Sie Ihren Ärger maßvoll heraus, anstatt ihn nobel herun-
  terzuschlucken. Zeigen Sie, dass Sie traurig oder verletzt
  sind. Sie dürfen sich auch gerne verlieben oder für jemanden schwärmen. Das Herz bleibt ewig jung, und die
  große Liebe kann Sie sogar noch mit 90 erwischen.
- **Seien Sie experimentierfreudig**
  Sie haben das Passende gefunden: Den Italiener um die
  Ecke, Ihre Lieblingsboutique, das Theaterabo, den kusche-
  ligen Urlaubsort in Spanien. Natürlich müssen Sie nicht
  ständig das Rad neu erfinden, aber es besteht die Gefahr,
  dass Sie immer nur auf Bewährtes zurückgreifen. Machen
  Sie es lieber wie die jungen Leute. Sagen Sie zu einem un-
  gewohnten Vorschlag: »Warum eigentlich nicht?« Oder
  noch besser: Starten Sie eigene Experimente. Probieren
  Sie das Restaurant aus, das in der Tageszeitung so gelobt
  wird. Gehen Sie als Rockfan in ein klassisches Konzert.
  Um richtig in Schwung zu kommen, halten Sie sich an die
  Faustregel: Mindestens einmal pro Woche etwas Neues
  ausprobieren.
- **Bleiben Sie aktuell**
  Beim Familientreffen verdreht jeder die Augen, wenn der
  alte Onkel wieder von seinen Kriegserlebnissen erzählt.
  Doch auch jüngere Leute können ziemlich retro denken
  und reden. Vielleicht ertappen Sie sich selbst dabei: Früher waren das TV-Programm anspruchsvoller, die Kinder
  besser erzogen, die Zeitung informativer, die Jugend poli-

tisch interessierter, die Ärzte engagierter. Oder: Ihre Kindheit war kein Zuckerschlecken. Ihre Eltern haben Sie in einen ungeliebten Beruf gedrängt. Die Trennung von Ihrem Ex war ein Fehler, den Sie schwer bereuen. Selbst wenn Sie mit Ihrem Urteil recht haben: Vorbei ist vorbei. Die Vergangenheit, sei sie nun schön oder schaurig, lässt sich nicht mehr ändern. Lassen Sie sie los und richten Sie Ihre Aufmerksamkeit auf die Gegenwart. Hier liegen Ihre Chancen.

- **Fordern Sie sich heraus**

  Meist sind es nicht die großen Herausforderungen, vor denen wir zurückschrecken, sondern die kleinen Mutproben des Alltags: Eigentlich möchten Sie einen Malkurs machen, aber vielleicht reicht Ihr Talent ja nicht aus. Sie würden gerne mal allein in Urlaub fahren, doch was ist, wenn Sie sich dann einsam fühlen? Sie fänden es schön, mit der netten Kollegin einen Kaffee zu trinken, aber die findet das gewiss aufdringlich.

  Überlegen Sie: Wozu haben Sie Lust, spüren aber gleichzeitig auch ein bisschen Angst oder Unsicherheit? Nach dem Motto »Nimm deine Angst wahr und tu es trotzdem«, sollten Sie genau das wagen.

- **Fallen Sie aus der Rolle**

  Während man in der Jugend flexibel in verschiedene Rollen schlüpft, werden sie mit zunehmendem Alter immer mehr festgeschrieben – übrigens meist von denjenigen, die davon profitieren. So finden Sie sich unversehens in der Hauptrolle als »die Seele der Firma«, »der Mittelpunkt der Familie« oder »die verlässliche Partnerin« wieder. Sie sind mit Sicherheit mehr als das, und auch mehr als die Summe aller Ihrer Rollen. Verhalten Sie sich nicht konstant so, wie man es von Ihnen erwartet, zeigen Sie auch andere Facetten. Sollten Sie dann ein vorwurfsvolles »So kenne ich dich ja gar nicht« hören, nehmen Sie es als Kompliment.

Ich möchte Ihnen zu dem Aspekt »Jugendlichkeit« gerne noch ein Gedicht von Albert Schweitzer weitergeben, das mir beim Schreiben dieses Kapitels in die Hände fiel. Es setzt die praktischen Tipps in einen größeren Zusammenhang:

Du bist so jung wie deine Zuversicht,
so alt wie deine Zweifel.

So jung wie dein Selbstvertrauen,
so alt wie deine Furcht.

So jung wie deine Hoffnung,
so alt wie deine Verzagtheit.

Solange die Botschaften
der Schönheit, Freude,
Kühnheit, Größe, Macht,
von der Erde, den Menschen
und dem Unendlichen
dein Herz erreichen,
so lange bist du jung.[45]

Das Alter hat einen besonderen Wert

»Seit meinem sechsten Lebensjahr begeistere ich mich dafür, die Gestalt der Dinge abzubilden, doch nichts von dem, was ich zeichnete, bis ich 70 wurde, war der Beachtung wert. Mit 73 gelang es mir mehr und mehr, das Wachstum der

Pflanzen und Bäume, die Gestalt der Vögel, Tiere, Insekten und Fische zu begreifen. Ich bin voller Hoffnung, weitere Fortschritte zu machen, bis ich 80 werde, und mit 90 schließlich in das Herz der Dinge einzudringen, auf dass ich mit 100 in meiner Kunst einen göttlichen Zustand erreicht haben möge. Mit 110 wird jeder Punkt und jeder Strich, den ich zeichne, zum Leben erwachen.«

Diese beeindruckende Einschätzung hat der 1760 geborene japanische Künstler Hokusai an seinem fünfundsiebzigsten Geburtstag geäußert. Hokusai starb 1849 mit 89 Jahren – seine Kunst aber ist bis heute lebendig. Bestimmt kennen Sie seinen berühmten farbigen Holzschnitt »Die Welle«.

Aufgrund seiner eigenen Erfahrung glaubte Hokusai an die hohe Entwicklungsmöglichkeit im Alter. Mit dieser Einstellung ist er ausgesprochen aktuell. Denn: Alter muss heute ganz neu gedacht werden. Vieles, was man lange Zeit als unverrückbare Tatsache angenommen hat, ist durch die Ergebnisse der neueren Forschung überholt:

• Die Hirnforschung hat ergeben, dass das Gehirn bis ins hohe Alter formbar bleibt. Wir sind also weiterhin lernfähig. Experimente haben zwar gezeigt, dass das Kurzzeitgedächtnis und die Schnelligkeit der Auffassung mit der Zeit etwas nachlassen, diese Einschränkung wird jedoch durch die Erfahrung kompensiert. So schnitten über 60-Jährige, die nach ihrer Pensionierung an einer Universität studierten, keineswegs schlechter ab als ihre jüngeren Kommilitonen. Der Begriff »lebenslanges Lernen« ist völlig zutreffend.

• Die Forschung zur Wirkung von Psychotherapie belegt, dass ältere Menschen durchaus in der Lage sind, ihr Verhalten zu ändern. Lange Zeit hielten sich Psychoanalytiker an die Einschätzung ihres Gründervaters Sigmund Freud, dass Menschen über 50 für eine Psychotherapie zu unflexibel seien.

- Die psychologische Forschung hat herausgefunden, dass die Stärke des Alters vor allem in der emotionalen Intelligenz liegt. Ältere Menschen sind auf Grund ihrer Lebenserfahrung besonders gut in der Lage, sich in andere hineinzuversetzen und zu vermitteln.

Diesen Schatz gibt es erst im Alter: Weisheit

Der weise alte Mann und die weise Frau gehören zu den Archetypen menschlichen Bewusstseins. Wir finden sie in den Mythen der Völker ebenso wie Science-Fiction-Filmen – denken Sie nur an die Figur des weisen Yoda in »Krieg der Sterne«. Mit dem Begriff der Altersweisheit beschäftigt sich seit einiger Zeit auch die Psychologie.

Der Entwicklungspsychologe Ulman Lindenberger vom Berliner Max-Planck-Institut definiert Weisheit als »Einsicht in grundlegende Probleme des Lebens«.[46] Für die Wissenschaft ist Weisheit kein mythisch-schwammiger Begriff, sondern lässt sich klar in fünf verschiedene Bereiche zerlegen: Faktenwissen, Strategiewissen, Menschenkenntnis, Toleranz und den Umgang mit Ungewissheit. Eine groß angelegte Untersuchung der Altersforscher Staudinger und Baltes ergab, dass Weisheit in diesem Sinne mit zunehmendem Alter steigt:[47]

- *Faktenwissen* definieren die Forscher nicht als Kenntnisse auf einem bestimmten Gebiet, sondern beziehen es auf die grundlegenden Fragen des Lebens. Es zeigt sich, dass alte Menschen hier besonders bewandert sind. Auf Grund ihrer Lebenserfahrung gelingt es ihnen beispielsweise besonders gut, Situationen und Probleme richtig einzuschätzen.

Daraus lässt sich der Schluss ziehen: Ein älterer Mensch kann vielleicht seinen Computer nicht so locker bedienen wie ein junger – aber was er an Wissen zu bieten hat, ist für das Zusammenleben, und oft auch für den Erfolg eines Projektes, noch wertvoller. Faktenwissen als Speicherung von speziellem Know-how kann sich schließlich jeder mit Willen und Geduld aneignen – Lebenserfahrung dagegen muss man sich erleben!

- Beim *Strategiewissen* geht es darum, sinnvolle Wege der Entscheidung zu finden. Dazu zählen Fragen wie: Stehen Kosten und Nutzen in einem ausgeglichenen Verhältnis? Soll man aktiv werden oder lieber abwarten? Gibt es Alternativen, falls ein Plan misslingt? Dreimal dürfen Sie raten, welche Altersgruppe hier besonders gut abschneidet. Wer bereits eine Menge Krisen bewältigt hat, weiß eben mehr darüber als jemand, der sich Problemlösungen am grünen Tisch ausdenkt.

- Die Forscher benutzen gerne den sperrigen Begriff »Lifespan-Kontextualismus«. Gemeint ist damit vor allem *Menschenkenntnis*. Dazu gehört mehr als nur Sicherheit in der Einschätzung des Gegenübers. Es bedeutet auch, dass man Zusammenhänge erkennt, etwa die Vorgeschichte eines Menschen berücksichtigt, seine Beweggründe nachvollziehen und seine Handlungen vorausahnen kann. Da liegt es wohl auf der Hand, dass Menschenkenntnis im Alter größer sein dürfte als in jungen Jahren.

- *Toleranz* (die Wissenschaft spricht von »Wertrelativismus«) bedeutet, nicht nur die eigenen Werte für wichtig zu halten, sondern auch die der anderen zu würdigen. Dazu gehört, dass niemand verurteilt wird, der in seinem Handeln einem fremden Wertesystem folgt. Älteren gelingt es oft leichter, die Verschiedenheit von Menschen zu akzeptieren und deren Werte zu tolerieren, ohne die eigenen zu verleugnen.

- *Ungewissheit* ist besonders schwer zu ertragen, weil sie uns in unserer Existenz bedroht. Deshalb suchen wir auf allen Gebieten Sicherheit, etwa im Beruf und in der Partnerschaft. Wir versuchen, uns mit Versicherungen und materiellen Gütern gegen die Unwägbarkeiten des Lebens zu schützen. Trotzdem müssen wir einsehen, dass es keine dauerhafte Sicherheit gibt. Der Umgang mit dieser Tatsache ist ein Teil der Altersweisheit. Man entwickelt Strategien, mit Unsicherheiten umzugehen, bedenkt Konsequenzen, findet Alternativen. Und nicht zuletzt lernt man zu akzeptieren, dass das Leben nun mal ein Risiko ist.

Allerdings: Alter macht nicht automatisch weise, wie schon das Sprichwort »Alter schützt vor Torheit nicht« sagt. Wenn Sie sich umschauen, finden Sie wahrscheinlich in Ihrem Umfeld alte Menschen, die furchtbar intolerant sind, sich überängstlich zurückziehen oder immer wieder die gleichen dummen Fehler machen. Das Ergebnis der Untersuchungen von Staudinger und Baltes lautet auch nicht, dass Alter eine Garantie für Weisheit ist, sondern dass die Chancen, weise zu werden, mit dem Alter deutlich steigen. Ob Sie Altersweisheit erlangen, hängt davon ab, wie gut Sie die Dinge verarbeiten, die Sie erleben. Wenn Sie aus dem, was Ihnen im Laufe Ihres Daseins passiert, lernen und dabei auch Ihre Selbsterkenntnis nicht zu kurz kommt, haben Sie beste Chancen, eine weise Frau zu werden.

Erhalten Sie Ihren Wert im Alter

Weisheit klingt Ihnen zu edel und abgeklärt? Keine Sorge, Sie sollen im Alter nicht milde lächelnd der Jugend gute

Ratschläge geben. Ihre Weisheit nützt Ihnen vor allem selbst und kann Ihnen ein buntes, erfülltes Leben verschaffen. Aber das hat auch seinen Preis: Sie müssen Ihre einschränkenden Vorstellungen aufgeben und ein neues Altersbild von sich entwerfen. Was Sie über das Alter denken, wirkt sich nämlich als selbst erfüllende Prophezeiung aus.

Überprüfen Sie deshalb rechtzeitig, was Sie zum Stichwort »Alter« im Kopf haben. Fallen Ihnen als erstes Demenz, Schwerhörigkeit und Lesebrille ein? Denken Sie an ein kärgliches Rentnerdasein, das nur noch den Einkauf bei Aldi erlaubt? Haben Sie Bilder von betagten Damen vor Augen, die sich mit ihrem Rollator unsicher über die Straße schieben? Ist Alter für Sie ein Synonym für Einsamkeit? Die Freunde sterben weg, die Kinder kümmern sich nicht mehr, und am Ende wird man in einem Pflegeheim ruhig gestellt?

Na dann viel Spaß!

Ich will Sie keineswegs dazu bewegen, sich die bekannten Risiken des Alters schönzureden. Ja, es wird Beeinträchtigungen geben, auf die Sie sich einstellen sollten. Aber die bilden nicht der Kern Ihres Alters. Micheline Rampe, Autorin des Buches »Jeder will es werden, keiner will es sein«, sagt: »Erfolgreich altert, wer sich selbst kennt und verwirklicht, ohne sein Alter zu leugnen. Der direkteste Weg dahin geht über das Sondieren des eigenen Terrains: Wünsche, Ziele und Freunde. Weisheit ist Expertenwissen: jeder sucht das aus, was am besten zu ihm passt und das größte Versprechen auf Glück verheißt. Das Alter kann Wege für eine neue Ganzheitlichkeit eröffnen. Das Potenzial ist da, aber es braucht Mut und Weisheit, um es optimal zu nutzen.«[48] Als inspirierenden Beweis hat sie in ihrem Buch bekannte und unbekannte Frauen und Männer interviewt, die genau das getan haben – ihre Altersweisheit für eine Aufgabe zu nutzen.

Eine davon durfte ich auf einer Presseveranstaltung persönlich kennenlernen und war von ihr sehr beeindruckt: Annemarie Dose, die Begründerin der »Hamburger Tafel«, einer Einrichtung, die Bedürftige mit Essen versorgt. Mit ihren 79 Jahren wirkt sie so aufgeschlossen und lebendig, dass neben ihr manches junge Ding ziemlich alt aussieht. Wir saßen fast bis Mitternacht im Restaurant zusammen, und ich hatte den Eindruck, dass sie am Ende noch munterer war als ich.

Annemarie Dose, 1928 geboren, war 42 Jahre lang Hausfrau und Mutter. Sie war 65, als ihr Mann starb. Im Interview sagt sie: »Nach einem Jahr, in dem ich nicht wusste, wie es weitergehen sollte, was aus mir werden sollte, habe ich mir gesagt: Entweder du stirbst mit oder du machst jetzt etwas anderes. Es geht nicht, dass man darauf wartet, dass jemand einem einen Sinn anbietet.« Sie tat das, was sie ihr Leben lang mit Freude getan hatte: sich um andere kümmern. Angeregt durch das Vorbild bereits bestehender Organisationen in Berlin und in den USA gründete sie einen Verein, der Lebensmittel und andere Spenden einsammelt und an soziale Einrichtungen verteilt. Inzwischen hat die Organisation über 100 ehrenamtliche Mitglieder, von deren Arbeit täglich ungefähr 6000 Bedürftige profitieren. Eine selbstbewusste, mutige Frau? Annemarie Dose sagt dazu: »Das ist schwer erarbeitet. Als Hausfrau wird man leicht unterschätzt, obwohl man schließlich auch einen kleinen Betrieb führt. Aber was man in der Familie geschafft hat, kann man auch mit ein paar Leuten mehr. Dass sich das Projekt so entwickelt hat, habe ich nicht gewusst.«[49]

Was ist es, was Sie jetzt schon mit Freude tun und das zur Vollendung kommen kann, wenn Sie ein hohes Alter erreicht haben? Seien Sie nicht zu bescheiden. Sehen Sie sich als Künstlerin, als Visionärin, als Querdenkerin, als Mentorin, als Unterstützerin, als Kommunikatorin oder als Netzwerkerin – oder vielleicht fällt Ihnen ja noch ein weiteres Expertentum ein, das genau auf Sie zugeschnitten ist.

Die Form wandelt sich, nicht die Qualität

Vielleicht fürchten Sie aber auch nur, dass Sie das, was Sie lieben, im hohen Alter nicht mehr ausüben können? Mag sein, dass sich die Art und Weise, in der Sie es dann tun, verändert, aber das muss keinen Einfluss auf die Qualität haben. Dazu habe ich in meinem eigenen Umfeld den Beweis:

Meine 83-jährige Mutter, früher eine erfolgreiche Textilkünstlerin mit zahlreichen Ausstellungen, kann nach einem Schlaganfall keine neuen Arbeiten mehr herstellen. Aber sie macht noch private Führungen in ihrem Atelier und inspiriert ihre Besucher mit ihrer Kunst. Eine Galeristin hat sogar kürzlich mit ihr einen Film über ihr Leben und ihre Arbeit gedreht.

Mein Vater, pensionierter Pastor, ist jetzt 87 Jahre alt. In der Öffentlichkeit zu sprechen, ist ihm kaum noch möglich. Aber er hat eine andere, besondere Form gefunden, das, was bisher sein Leben ausmachte, weiterzuführen und vielen Menschen damit etwas zu geben. Früher hat er häufig auch im Rundfunk Andachten und Vorträge zu bestimmten Themen gehalten. Nun hat er sich in seinem Arbeitszimmer ein kleines Tonstudio eingerichtet und bespricht Kassetten mit seinen Predigten. Die gibt er meist an Freunde und Bekannte, besonders aber an alte und kranke Menschen, die nicht mehr am kirchlichen Leben teilnehmen können. Die Resonanz ist groß.

Ich bin dankbar, dass ich diese Vorbilder habe. Vielleicht geht es Ihnen ja genauso wie mir. Jedenfalls bin ich sicher, dass Sie in Ihrer Umgebung ebenfalls Modelle für ein erfülltes Alter finden, wenn Sie danach suchen. Und falls nicht, dann schauen Sie sich doch mal die Liste an, die Frank Schirrmacher am Ende seines Buches »Das Methusalem-Komplott« zusammengestellt hat. Es handelt sich um Menschen, die auf dem Gebiet der Malerei, Musik und Literatur noch – oder sogar gerade! – als Greise kreativ und erfolgreich waren. Sie durchkreuzen das Stereotyp, dass die Jugend schöpferisch und das Alter stumpf und träge ist. Hier sind ein paar Kostproben mit Altersangabe:

Tizian (99), Käthe Kollwitz (78), Michelangelo (89), Ricarda Huch (83), Verdi (88). Theodor Fontane (79).[50]

Reden Sie sich jetzt bitte nicht heraus, dass seien schließlich Künstler und Genies gewesen. Auf Ihre Art sind Sie das auch. Aber dazu gehört eben, dass Sie nicht in eine Rentnermentalität verfallen, sich nutzlos fühlen oder nur an sich denken, sondern sich körperlich, geistig und seelisch fit halten. Irgendwo habe ich mal gelesen: »Wenn die Natur der Ansicht wäre, dass du überflüssig bist, dann wärst du nicht mehr auf der Erde.« Das müssen wir uns besonders im Alter erst einmal selbst klarmachen – und dann den anderen!

Kapitel 7: Fühlen Sie sich reich

Neulich zappte ich in eine TV-Dokumentation, in der es um Menschen und ihre Kleidung ging. Ein etwa 16-jähriges Mädchen suchte sich gerade in einem vom Roten Kreuz eingerichteten Kleiderladen ein T-Shirt aus. An der Kasse zahlte sie dafür drei Euro – mehr hätte die Tochter einer alleinerziehenden, arbeitslosen Mutter auch nicht ausgeben können. Obwohl sie sich tapfer selbstbewusst gab, wirkte sie doch traurig, als sie dem Reporter erzählte, dass in ihrer Schule nur die etwas gelten, die Markenklamotten tragen. Anschließend wurde der begehbare Kleiderschrank einer Frau gezeigt, deren Mann im Baugewerbe viel Geld verdient. Sie kriegt ihre 300 Paar Schuhe kaum unter und gibt in guten Zeiten schon mal locker 20 000 Euro am Tag aus. »Mit unserem Outfit werden wir überall zuvorkommend behandelt, und man lässt uns in jeden Club, sogar in New York«, berichtete sie stolz, während sie vor der Kamera ihre teuren Pelzmäntel und Designerkleider vorführte.

An solchen Beispielen zeigt sich, wie sehr in unserer materialistischen Gesellschaft Geld und Selbstwert miteinander verquickt sind. Es wäre allerdings falsch, daraus zu schließen: Je mehr Geld man hat, desto höher ist das Selbstwertgefühl. Häufig ist es genau umgekehrt. Da scheffelt einer krampfhaft Kohle, um sich Prestigeobjekte anzuschaffen, die ihm Anerkennung bringen sollen. Hinter so manchem Porsche, Chanel-Outfit oder Flug auf die Fidji-Inseln steckt ein mickriges Selbstbewusstsein. Nimmt man die Insignien des Reichtums weg, bleibt ein kümmerliches Häuflein Selbst zurück.

Trotzdem gilt: Am Geld lässt sich besonders gut ablesen, wie es um unser Selbstwertgefühl steht. Es kann ein sichtbares Symbol dafür sein, wie sehr wir uns schätzen und wie gut wir anderen unseren Wert vermitteln. Wie viel wir uns gönnen oder verkneifen. Wie pflichtbewusst oder schlampig wir unseren Job machen. Ob wir den Mut haben, Forderungen zu stellen oder viel zu bescheiden sind. Unsere Einstellung zum Geld gibt uns einen praktischen Ansatz, unsere Persönlichkeit weiterzuentwickeln und unsere Lebensqualität zu steigern. Es lohnt sich also, sich ausführlich damit zu beschäftigen. Fangen wir doch gleich bei den Wurzeln an.

Ihre Eltern bestimmen, wie viel Geld Sie heute haben

Gemeint ist nicht, ob Ihre Eltern Ihnen ein hübsches Sümmchen hinterlassen, es geht vielmehr um Ihr geistiges Erbe in puncto Geld. Wie auf vielen anderen Gebieten werden wir auch auf diesem von unseren nächsten Bezugspersonen geprägt. Wenn Sie Ihrem Umgang mit Geld auf die Spur kommen möchten, lohnt sich die Überlegung: Wie gingen die Menschen, die Sie großgezogen haben, mit Geld um? Die Antwort darauf umfasst mehr als nur eine Einteilung in »verschwenderisch«, »ausgeglichen«, »sparsam« oder »geizig«, auch Sprüche und häusliche Szenen gehören dazu.

Wie sprach man bei Ihnen zu Hause über Geld?

Wohl jeder von uns ist mit Sprüchen über Geld aufgewachsen. Meist hörte man sie ganz nebenbei als Kommentar.

Mutter beim Abendessen zum Vater: »Stell dir vor, der

Beyerle hat von seiner Tante ein Mietshaus geerbt.« Vater: »Ach ne, dem gehört doch schon die halbe Straße.« Mutter: »Tja, so ist das immer. Der Teufel sch… immer auf die größten Haufen.«

Solche Bemerkungen sinken tief ins Unterbewusstsein eines Kindes, besonders, wenn sie im Laufe der Zeit häufiger wiederholt werden. Mit einem griffigen Spruch wird eine ganze Lebensanschauung zusammengefasst und weitergegeben. Hier sind ein paar Klassiker, von denen Sie gewiss einige wiedererkennen:

- Geld stinkt nicht.
- Geld ist die Wurzel allen Übels.
- Ohne Moos nix los.
- Über Geld spricht man nicht.
- Wer da hat, dem wird gegeben.
- Bargeld lacht.
- Das Geld liegt auf der Straße.
- Beim Geld hört die Freundschaft auf.
- Geld macht nicht glücklich, aber es beruhigt.
- Geld regiert die Welt.

Doch es müssen nicht nur Sprüche sein. Geldweisheiten lassen sich auch individuell ausdrücken, etwa als Aussagen, als Drohung oder guter Rat: »Man muss doch nicht gleich für alles die Hand aufhalten.« »Wer sein Geld so zum Fenster rauswirft, landet schließlich in der Gosse.« »Schau mal, wenn du jetzt dein Taschengeld sparst, dann kannst du dir im nächsten Monat etwas Schönes kaufen.«

Allerdings können die Botschaften innerhalb eines Elternpaares widersprüchlich sein, wobei meist die unterschiedliche Herkunftsfamilie eine Rolle spielt. So ging es mir. Mein Vater stammt aus einer Familie mit fünf Kindern, in der man auf den Pfennig achten musste. Meine Mutter dagegen kommt aus einer großbürgerlichen Familie mit Personal und Hausmusik, in der Geld kein Thema war. Für ein Kind kann das recht verwirrend sein. In solchen Fällen orientiert man sich meist an der Person, die den größeren Einfluss besitzt – was oft auch bedeutet, dass sie das Geld verwaltet. Oder man schwankt beim Geldausgeben abwechselnd zwischen den gegensätzlichen Polen hin und her.

Untersuchungen haben ergeben, dass Paare sich am häufigsten über Geld streiten. Von daher kann es durchaus sein, dass auch Sie in Ihrer Kindheit ein Horrorszenario erlebt haben. In meiner Praxis habe ich dazu jedenfalls im Laufe der Zeit einiges gehört. Von Müttern, die schon die Koffer gepackt hatten und ausziehen wollten, weil der Ehemann im Winter aus Sparsamkeit die Heizung auf Null drehte. Von Vätern, die Wutausbrüche bekamen, weil ihre Frau sich wieder ein paar neue Schuhe gekauft hatte, obwohl schon zig Paar im Schrank standen. Von Müttern, die nicht mit Geld umgehen konnten und bei denen es ab Mitte des Monats nur noch Eintopf gab. Von Vätern, die das meiste von ihrem Gehalt verspielten oder vertranken.

Doch auch wenn es bei Ihnen nicht so dramatisch zuging, haben Sie bestimmt noch einige Bilder vor Augen: Wie Sie Ihr erstes Taschengeld bekamen. Wie es Weihnachten mit den Geschenken aussah. Wie Ihre Eltern reagierten, wenn Sie ein Spielzeug oder als Teenager etwas Neues zum Anziehen haben wollten.

Was Sie in der Kindheit im Umgang mit Geld gelernt haben, hat bewusst oder unbewusst Ihre eigene Haltung geprägt. Allerdings bedeutet das nicht, dass Sie die Einstellung Ihrer Eltern eins zu eins übernommen haben. Es gibt mehrere Möglichkeiten:

- Sie machen es genauso wie ihre Eltern.
- Sie wählen das Kontrastprogramm. Wenn z. B. Ihre Eltern äußerst sparsam waren, gehen Sie großzügig mit Geld um, und umgekehrt.
- Sie lösen sich vom positiven oder negativen Vorbild und finden Ihren eigenen Stil.

Finden Sie Ihren eigenen Geld-Stil

Herauszufinden, ob man inzwischen im Umgang mit Geld wirklich unabhängig geworden ist, fällt gar nicht so leicht. Harald Wessbecher, Autor des Buches »Die Energie des Geldes«, schlägt vor, sich regelmäßig die Frage zu stellen: »Würde ich bestimmte Dinge auch dann tun (einen gewissen Lebensstil pflegen, bestimmte Anschaffungen machen – oder verwerfen, mir eben nicht gönnen), wenn es meine Eltern nie gegeben hätte?«[51]

Nehmen Sie sich einmal die Zeit, aufzuschreiben, welche Einstellung zum Geld Sie daheim gelernt haben. Überprüfen Sie dann, welche davon Sie behalten möchten, weil sie nützlich ist, und welche Sie lieber ablegen wollen. Damit nabeln Sie sich von der automatisch übernommenen Haltung Ihrer Eltern ab und werden auch in diesem Punkt erwachsen.

Dagmar, eine 33-jährige Arzthelferin, fand auf diese Weise heraus, dass sie den Leitsatz ihrer Eltern, niemals Schulden zu machen, beibehalten will. Für sie kommen Ratenzahlungen für Möbel oder ein Auto nicht in Frage. Entweder sie kann die ganze Summe aufbringen, oder sie wartet mit der Anschaffung eben so lange, bis es möglich ist. Was Dagmar dagegen ablegen will, ist die Ängstlichkeit ihres Vaters in finanziellen Dingen. Er hortet sein Geld auf einem Sparbuch oder legt es in absolut sicheren Bundesschatzbriefen an. Bisher war Dagmar ebenso vorsichtig. Jetzt hat sie beschlossen, sich auch mit anderen Anlageformen zu befassen.

Wie immer Sie mit Ihrem Geld umgehen, Voraussetzung ist natürlich, dass Sie es überhaupt haben. Die meisten von uns sind gezwungen, ihr Geld zu verdienen, und oft sind wir nicht zufrieden mit dem, was wir bekommen. Grund genug, sich anzuschauen, woran das wohl liegen könnte. Denn ob Sie es glauben oder nicht: Ein großer Teil Ihres Verdienstes liegt in Ihrer Verantwortung.

Tausche Energie gegen Geld

Mal abgesehen von Geld, das Ihnen ohne eigene Anstrengung zufällt, wie ein Lottogewinn oder eine Erbschaft, erhalten Sie nur Geld, wenn Sie im Austausch Energie geben. Sei es materielle, körperliche, geistige oder seelische Energie, wobei sich die Energieformen nicht immer fein säuberlich trennen lassen. Was Sie auch tun, Sie stellen damit anderen Menschen Energie zur Verfügung. Egal, ob Sie nun Post austragen, Kochbücher schreiben, als Partygirl auftreten, Kinder großziehen, in einer Bank arbeiten, als Bettlerin auf der Straße sitzen oder Immobilien verkaufen.

Sind Sie zufrieden mit dem, was Sie verdienen? Dann ist für Sie der Austausch zwischen Geld und Ihrer Energie ausgeglichen. Ist das jedoch nicht der Fall, dann sollten Sie sich zwei entscheidende Fragen beantworten:
• Investiere ich genug Energie in das, was ich tue?
• Verlange ich einen angemessenen Lohn für meine Energie?

Investieren Sie genug Energie?

Es ist wohl selbstverständlich, dass die erste und wichtigste Investition darin besteht, dass Sie Ihren Job gut beherrschen. Das setze ich bei Ihnen jetzt einfach voraus. Ebenso wie das Bewusstsein dafür, dass man sich auf seinem Gebiet weiterbilden muss, weil man sonst den Anschluss verliert. Beschäftigen wir uns also mit dem, was darüber hinaus an Energie nötig ist, um erfolgreich zu sein.

Genug Energie zu investieren bedeutet zunächst einmal: Sie sind fleißig, zuverlässig, pünktlich, ordentlich und beharrlich – und das möglichst noch ein bisschen mehr als üblich. Das klingt in Ihren Ohren ziemlich altmodisch nach preußischen Tugenden? Stimmt, aber die sind auch im 21. Jahrhundert keineswegs überholt. Sie sind sogar unverzichtbar, wenn Sie Geld verdienen wollen. Schauen Sie sich doch einmal in Ihrer Umgebung um, dann finden Sie dafür jede Menge Belege.

Vor einiger Zeit wurden in dem Haus, in dem ich meine Praxis habe, bei allen Mietern Wasseruhren eingebaut. Normalerweise sind solche Arbeiten mit viel Dreck verbunden, den die Bewohner dann selbst beseitigen müssen. Die Handwerker machen ihren Job und sind weg, unter dem Motto »Nach uns die Sintflut«. Damit hatte ich auch diesmal gerechnet. Aber es kam anders: Der Klempner und sein Mitarbeiter waren nicht nur pünktlich und schnell, sie baten sich anschließend meine Putzutensilien aus und machten alles tipptopp sauber. Ich war so beeindruckt, dass ich mir ihre Visitenkarte geben ließ. Als ein paar Monate später in unserem Wohnhaus umfangreiche Klempnerarbeiten anstanden, empfahl ich natürlich diesen Handwerksbetrieb.

Bleiben Sie beharrlich

Eine besonders wichtige Energie-Investition aus der Tugend-Reihe ist die Beharrlichkeit. Was nutzt Ihre ganze Power, wenn Sie zu schnell aufgeben? Wer wirklich etwas erreichen will, braucht oft einen langen Atem.

Beispiele dafür finden Sie besonders deutlich bei Leuten, die es schließlich geschafft haben. Wie etwa der spätere Bestseller-Autor Dan Brown. Sein damaliger Verlag hatte es verbummelt, effektiv Werbung für seinen zweiten Roman zu machen, sodass der Verkauf äußerst spärlich lief. Brown hätte sich nun enttäuscht zurückziehen können. Tatsächlich dachte er auch kurz daran, aufzugeben. Aber dann packte er sich den Kofferraum mit »Illuminati«-Exemplaren voll und klapperte zusammen mit seiner Frau die Buchhandlungen ab. Mit dem verdienten Geld buchte er auf eigene Faust Lesungen und Signierstunden. Sein späterer Roman »Sakrileg« machte ihn dann zu einem der erfolgreichsten Schriftsteller der Welt. Ohne seine Beharrlichkeit wäre er wahrscheinlich noch heute ein unbekannter Englischlehrer, der es mal mit Romanschreiben versucht hat.

Oder der Regisseur Florian Henckel von Donnersmarck, der mit seinem Film »Das Leben der Anderen« in Hollywood 2007 den Oscar für den besten ausländischen Film bekommen hat. Er sagt über die damit verbundene Arbeit: »Damit man irgendwann als Gewinner dasteht, muss man sehr lange als Verlierer herumlaufen. Ich habe allein an diesem Film fünf harte Jahre gearbeitet.«

Aber Achtung: Es geht nicht darum, dass Sie sich wie ein Pitbull in eine Sache verbeißen, von der Sie ahnen, dass sie längst keine Chance mehr hat. Zur Beharrlichkeit gehört unbedingt der Glaube an Ihr Werk. Wenn Sie den in Ihrem Innern spüren, dann bleiben Sie am Ball, egal, was Ihre Umgebung meint. Mega-Popstar Madonna erklärte zu ihrem Aufstieg: »Andere haben darauf gehört, was andere über sie sagten. Ich habe das nie getan.« Vielleicht müssen Sie auf dem Weg zu Ihrem Ziel einige Änderungen vornehmen, aber aufgeben sollten Sie nicht.

Kommunizieren Sie richtig

Eine weitere wichtige Art von Energie, die Sie investieren müssen, betrifft die Kommunikation mit anderen Menschen. Dazu gehört: positives Sprechen, ein dem Dresscode Ihrer Branche angemessenes Äußeres, Teamfähigkeit, Konfliktfähigkeit, Großzügigkeit und Diplomatie.

Alles klar? Leider nicht bei jedem. Das Fatale ist, dass manche Menschen gar nicht wissen, wie sie wirken. Dass sie mit ihrer Nörgelei alle in die Flucht schlagen oder mit ihrem Glitzer-Outfit billig aussehen. Dass sie immer recht haben müssen oder todlangweilige Monologe halten. Dass sie Kritik mit dem Holzhammer austeilen oder geizig erscheinen, weil sie sich in der Kantine das Geld für eine Tasse Kaffee wiedergeben lassen.

Es kann also gut sein, dass auch Sie einen blinden Fleck haben. Um das zu überprüfen, hilft nur Feedback. Fragen Sie einen Menschen, dem Sie vertrauen, und der das, was Sie wissen möchten, beurteilen kann. Doch Vorsicht, eine ehrliche Antwort ist nicht immer schmeichelhaft. Völlig daneben wäre es, darauf beleidigt oder aggressiv zu reagieren. Dann bekommen Sie mit Sicherheit nie mehr die ungeschminkte Wahrheit zu hören. Falls es niemand in Ihrem Umfeld gibt, auf den Sie sich verlassen können, sollten Sie sich einen Coach gönnen. Er oder sie hat ein geschultes Auge für das, was Sie noch entwickeln müssen, und ist schon von Berufs wegen verschwiegen.

Kommunikative Energie existiert darüber hinaus noch in feineren, aber höchst wirkungsvollen Formen: als Begeisterung, als Herzlichkeit, als Mitempfinden, als Dank, als Zuwendung in Form von Zuhören, Lob und Zeit. Auch wenn Sie eher zurückhaltend sind, sollten Sie üben, aus dem Schneckenhaus herauszukommen.

Weiterhin gibt es zwei Formen von Energie, die zu besonderem Erfolg, und damit oft auch zu viel Geld, führen können: Kreativität und Risikobereitschaft.

Seien Sie kreativ

Kreativität ist keineswegs für Malerinnen oder Werbefachleute reserviert. Man findet sie genauso in allen anderen Berufen. Wenn Ihre Bankerin Ihnen eine maßgeschneiderte Versicherung zusammenstellt, ist das Kreativität. Und wenn Ihnen die Verkäuferin in Ihrer Lieblingsboutique die passende Brosche zu Ihrem Kostüm zeigt, ist das ebenfalls Kreativität. Zugegeben, es gibt auf diesem Gebiet Unterschiede. Die Gründer von Microsoft, die damals in ihrer Garage die ersten Programme entwickelt haben, waren schon hochkreativ. Und ein Karl Lagerfeld, der mit leichter Hand für mehrere Labels entwirft, zählt sicher auch zur schöpferischen Elite. Aber das soll uns nicht von unserer eigenen Kreativität ablenken. Es geht darum, immer wieder Neues auf dem eigenen Gebiet zu entwickeln, etwas überraschend zusammenzufügen oder Lösungen für Probleme zu finden. Ohne Kreativität versinken Sie in Routine und machen nur Dienst nach Vorschrift. Damit können Sie andere vielleicht zufriedenstellen, aber kaum begeistern.

Trauen Sie sich

Risikofreude ist zugegebenermaßen eine Energieform, die ohne die anderen Energien wie ein befreiter Flaschengeist wirken kann, nämlich mächtig und ziemlich gefährlich. Schließlich können Sie mit Ihrer Idee oder Ihrem Projekt auf die Nase fallen. Und das ist sogar auf höherer Ebene, wo bereits Geld vorhanden ist, kein Zuckerschlecken. Doch ohne Risikobereitschaft gibt es auch keinen Fortschritt.

Für diese Erfahrungen ist der Verleger Hubert Burda ein gutes Beispiel: Nach dem Fall der Berliner Mauer kaufte er wagemutig ein ehemaliges DDR-Blatt auf, mit dem er die Bildzeitung herausfordern wollte. Durch eine Fehlbesetzung in der Chefredaktion misslang das Unternehmen. Burda verlor nicht nur Millionen, sondern wurde von der gesamten Branche mit Häme überschüttet. Kurze Zeit später riskierte er es, dem *Spiegel*, Deutschlands Nachrichtenmagazin Nummer eins, mit einem bis dato ungewöhnlichen Konzept Konkurrenz zu machen. Kaum einer glaubte, dass die neue Zeitschrift mit ihren Nachrichtenhäppchen und ihrer Bilderflut überhaupt eine Chance haben würde. Inzwischen ist *Focus* bestens etabliert. In einem Fernsehinterview gab Hubert Burda zu: »Ich habe manche Nacht meinen Pyjama vor Angst durchgeschwitzt.«

Charakteristisch für ein Risiko ist nun mal, dass man nicht weiß, wie es ausgeht.

Vielleicht fühlen Sie sich jetzt von der Aufzählung dieser zahlreichen Energieformen erschlagen und denken: »Das kann ich doch gar nicht alles bieten!« Doch, das können Sie längst. Ich bin sicher, Sie besitzen dazu insgesamt genügend Energie. Es geht lediglich darum, dass Sie schauen, ob Sie Ihre Energie auch ausreichend in die Bereiche lenken, die für den Erfolg und damit für das Geldverdienen nötig sind.

Dann haben Sie nämlich nicht nur die Berechtigung, entsprechende Entlohnung zu fordern, sondern Sie fühlen in Ihrem Inneren, dass Sie es wert sind – und das ist die beste Voraussetzung, Forderungen zu stellen.

Verlangen Sie angemessenen Lohn für Ihre Energie

Der amerikanische Managementtrainer Brian Tracy erzählt in seinem Buch »Das Maximum-Prinzip« eine schöne Geschichte:[52]

In einem großen Industrieunternehmen trat ein technisches Problem auf, das die gesamte Produktion ins Stocken brachte. Die Techniker suchten fieberhaft nach der Ursache der Störung, konnten sie aber nicht finden. Schließlich beauftragte die Geschäftsleitung einen renommierten Experten. Der ging einen Tag lang durch die Fabrik, prüfte Anzeigen und Signale an der Messwarte, schaltete hier und da, machte sich Notizen und murmelte vor sich hin. Schließlich zeichnete er mit einem schwarzen Filzstift ein großes X auf ein Messgerät. »Dieses Gerät ist defekt«, verkündete er. »Wenn Sie es reparieren, dann dürfte die Störung behoben sein.« Die Ingenieure zerlegten das Gerät und fanden darin tatsächlich die Ursache. Die Produktion konnte wieder auf volle Leistung hochgefahren werden. Ein paar Tage später erhielt der Geschäftsführer die Rechnung. Der Berater verlangte 10 000 Dollar für seine erbrachte Dienstleistung. Der Manager war gelinde gesagt erstaunt über die Höhe, obwohl der Ausfall durch die Störung ein Vielfaches betragen hatte. In seinen Augen war die Summe völlig überzogen. Der Mann war doch nur einen Tag herumgelaufen und hatte schließlich ein X gemalt. Er bat den Berater um eine Aufschlüsselung des Rechnungsbetrages. Die Summe, so schrieb er, erscheine ihm für ein simples X auf dem gestörten Gerät doch ein wenig hoch. Wenige Tage später lag die neue Rechnung vor. Sie sah so aus:

X auf Messgerät : 1 $
Wissen, wo das X zu setzen ist: 9999 $

Diese Anekdote gibt ein gutes Beispiel dafür, wie sehr Selbstsicherheit in Bezug auf die eigene Leistung und die Forderung nach angemessener Bezahlung zusammenhängen. Wie steht es damit bei Ihnen? Sind Sie davon überzeugt, dass Sie gute Arbeit leisten? Wenn ja, dann sollten Sie unbedingt wissen, dass sie auch gutes Geld wert ist.

Wie viel sind Sie sich wert?

Wenn Sie angestellt sind, liegt Ihr Gehalt in den meisten Fällen fest. Für Ihre Berufsgruppe gibt es tarifliche Vereinbarungen und Richtwerte. Regelmäßig veröffentlichen Zeitschriften Tabellen, in denen man ablesen kann, was man als Krankenschwester, Verkäuferin oder Bibliothekarin verdient. Oft ist das an der Tätigkeit gemessen viel zu wenig. Mich macht diese Ungerechtigkeit immer wütend. Es ist empörend, wie wenig gerade die Menschen verdienen, die sich intensiv für andere einsetzen oder schwere Arbeit verrichten. Falls Sie dazu zählen, kann ich Sie nur ermutigen, Veränderungen anzustreben: Solidarisieren Sie sich in Verbänden. Suchen Sie mit Risikofreude und Kreativität die Nischen in Ihrem Beruf, in denen Sie trotz alledem mehr verdienen können. Sparen Sie regelmäßig, und sei die Summe noch so klein, damit Sie im Laufe der Zeit finanziell unabhängiger werden. Wenn Sie Ihren Beruf nicht wechseln, sich nicht selbständig machen wollen oder können, bleibt Ihnen in puncto Gehaltsforderung leider nicht viel Spielraum. In dem Fall sollten Sie aber zumindest darauf achten, dass alles andere stimmt. Dass Sie in einem guten Betriebsklima arbeiten, Lob und Anerkennung erhalten und genügend Freizeit haben. Die beste Voraussetzung, sich trotz eines geringen Gehaltes selbstsicher und gut zu fühlen, ist, dass es sich bei Ihrer Tätigkeit um Ihre Berufung handelt. Dann erhalten Sie einen Ausgleich auf der immateriellen Ebene, der nicht zu unterschätzen ist.

Größeren Spielraum haben Sie als Selbständige, als Freiberuflerin oder in einer Position, in der Sie auch als Angestellte mehr Gehalt aushandeln können. Hier ist die Frage, ob Sie einen angemessenen Lohn fordern, besonders interessant. Nicht allein des Geldes wegen, sondern weil sich daran überprüfen lässt, ob Ihr Selbstwertgefühl mit dem, was Sie bekommen, übereinstimmt.

Vor einiger Zeit fragte mich eine Bekannte um Rat. Sie hatte die Chance, ein größeres Projekt für eine Zeitschrift zu machen, kannte sich aber mit den dort üblichen Honoraren nicht aus. Weil sie gehört hatte, dass ich auch journalistisch arbeite, wollte sie eine Information, was sie denn verlangen könnte. Nun wusste ich zwar, was man üblicherweise für einen Artikel bekommt, doch für ihre spezielle Arbeit konnte ich ihr keine Summe nennen. Trotzdem sah ich eine Möglichkeit, ihr zu helfen. Ich fragte sie: »Wenn du deinen gesamten Einsatz für dieses Projekt bedenkst, dein Können, deine Zeit und dein Engagement berücksichtigst – mit welcher Summe wärst du dann richtig glücklich?« Sie nannte mir eine Zahl, die mir durchaus angemessen erschien. Ich riet ihr, diese Summe zu fordern. Genau das tat sie und bekam tatsächlich dieses Honorar.

Auch Ihnen kann die Frage »Mit welcher Summe bin ich glücklich?« einen wichtigen Anhaltspunkt geben. Die Antwort verrät Ihnen, egal, ob es sich um ein einzelnes Honorar oder Ihr monatliches Gehalt handelt, was Sie für angemessen halten. Wir haben alle für unsere Entlohnung eine innere Messlatte, die meist gut geeicht ist. Intuitiv verknüpfen wir miteinander, was wir können, was wir über die betreffende Branche wissen und was wir uns wert sind. Die Gefahr, dass wir die Latte zu hoch legen, ist deshalb geringer, als Sie vielleicht glauben. Die wenigsten von uns sind so naiv, einen Phantasiepreis zu nennen. Und wenn doch, dann holt uns die Realität schnell vom hohen Ross herunter, indem unser Gesprächspartner uns mitteilt, was üblich ist – oder die Verhandlung sogar abbricht.

Dazu hatte ich schon recht früh ein Schlüsselerlebnis: Während meines Psychologiestudiums schrieb ich nebenbei für eine psychologische Monatszeitschrift. Die Auflage war nicht besonders hoch, es war eher ein Liebhaberblatt. Ich betrachtete mich als Anfängerin in Sachen Schreiben und hatte Spaß daran. Also war ich mit einem geringen Honorar zufrieden. Gleichzeitig mit mir begann dort auch eine Kommilitonin als freie Autorin. Nach ihrem ersten gedruckten Artikel glaubte sie, sie sei eine besonders begabte Edelfeder. Sie rauschte in die Chefredaktion und verlangte das Dreifache von dem, was wir normalerweise bekamen. Die Chefredakteurin fand, dass sei entschieden zu viel, doch meine Studienkollegin blieb bei der Meinung, das sei sie wert. Das Ende vom Lied war, dass sie keinen Auftrag mehr bekam.

Nur nicht so bescheiden!
Übersteigertes Selbstwertgefühl ist eher selten. Weitaus häufiger kommt das Gegenteil vor, dass wir nämlich viel zu be-

scheiden sind. Wenn Sie in so einer Situation in sich hin-
einhorchen, werden Sie merken, dass eine innere Stimme
Sie zur Zurückhaltung mahnt. Sie flüstert Ihnen ein :

- »Nun übertreibe es mal nicht.«
- »So viel ist deine Arbeit ja nun auch nicht wert.«
- »Wenn du so viel forderst, dann nehmen die dich am Ende nicht.«
- »Die können deine Preise bestimmt nicht zahlen.«
- »Du willst doch nicht unverschämt wirken.«
- »Die denken noch, du bist geldgierig.«
- »Dafür musst du nicht so viel nehmen, das hast du doch schnell erledigt.«
- »Die haben doch nicht so viel Geld.«

Kommt Ihnen diese Stimme bekannt vor? Oft gibt sie eine
Einstellung wieder, die Sie aus Ihrem Elternhaus übernommen haben und die vor allem kleinen Mädchen vermittelt
wird: sei hübsch bescheiden. Verlange bloß nicht zu viel. Beweise erst einmal, dass du auch gut genug bist. Haben Sie
diese Stimme erst einmal identifiziert, können Sie sich dagegen wehren.

Der Unternehmensberater Gerald M. Weinberg empfiehlt, sich als Gegenmittel einen »Wunsch-Wegweiser« zu
erschaffen. Er besteht in der Frage: »Was will ich?« Das
klingt einfach, ist es aber keineswegs. Erinnern Sie sich doch
mal an eine Situation, in der es um eine Geldforderung ging,
etwa um Ihr Gehalt, eine Gehaltserhöhung oder Ihre Honorarvorstellungen. An wen haben Sie da zuerst gedacht? Es
sollte mich sehr wundern, wenn Sie in Ihre Forderungen
nicht schon vorab die vermeintlichen Bedürfnisse Ihres Ge-
schäftspartners einbezogen hätten. Wir glauben, es sei klug
und realistisch, sich von vornherein den Möglichkeiten un-

seres Gegenübers anzupassen, doch in Wirklichkeit ist es eine Art von vorauseilendem Gehorsam.

Roland, ein selbständiger Computerfachmann, erzählte mir während einer Coachingsitzung: »Ich habe meine festen Preise für bestimmte Aufgaben. Trotzdem passiert es mir immer wieder, dass ich versuche, die Honorarvorstellungen meines potenziellen Auftraggebers zu erahnen und meine Forderungen danach richte. Ich denke dann so etwas wie: ›Das ist ja nicht so ein großer Betrieb. Der Mann fällt bestimmt tot um, wenn er hört, was ich für meinen Job haben will.‹ Oder ich sage mir: ›Das ist zwar eine große Firma, aber die müssen sicher sparen. Ich poker lieber nicht so hoch, sonst geht mir der Auftrag durch die Lappen.‹ Im Nachhinein ärgere ich mich dann, weil ich für viel Arbeit zu wenig Geld verlangt habe.«

Unternehmensberater Weinberg rät, dass man sich zunächst einmal klarmacht, was man selbst haben möchte, und das dann dem anderen mitteilt. Einem Freund, der sich mit einer Honorarforderung quälte, hielt er vor: »Wenn du nicht einmal sagst, was du willst, wirst du es ganz bestimmt nicht kriegen.« Weinbergs geschickter Schachzug besteht darin, dass er unterteilt, was die meisten von uns vermischen. Er erklärt: »Zuerst kommt das ›Was will ich?‹, dann erst das ›Wie kriege ich es?‹.«[53] Nennen Sie die Summe frei heraus, mit der Sie glücklich wären – und dann treten Sie in die Verhandlung darüber ein, inwieweit Sie sie bekommen können.

Überlegen Sie sich dazu vorher aber auch genau, unter welche Grenze Sie auf keinen Fall gehen möchten. Mit welcher Summe wären Sie gerade noch zufrieden? Wer Sie zwingen will, dieses Limit zu unterschreiten, stiehlt Ihre Energie. Sie fühlen sich ausgebeutet und verlieren die Freude an dem, was Sie tun. Das bekommt weder Ihnen noch Ihrer Arbeit.

Falls Sie nicht gerade auf jeden Cent angewiesen sind, sollten Sie zu einem Dumping-Angebot Nein sagen. Allerdings gibt es dazu eine Ausnahme: Ihre Tätigkeit wird mit etwas anderem als Geld aufgewogen.

Entlohnung ist nicht nur materiell

Wenn Arbeitgeber, potenzielle Kunden, Firmen, Vereine oder andere Auftraggeber weniger zahlen können oder wollen, als Ihr unteres Limit vorgibt, dann überlegen Sie bitte, bevor Sie rigoros ablehnen:

- Bringt mich diese Tätigkeit weiter?
- Lerne ich dabei etwas, das mir nützlich sein kann?
- Wird es mich inspirieren?
- Bietet das Drumherum, z. B. das Ambiente, mir etwas Besonderes?
- Lerne ich dadurch wichtige Leute kennen?
- Könnte es der Anfang zu etwas sein, das später lukrativ wird?

Wer immer nur stur darauf achtet, ob das Geld stimmt, ist manchmal reichlich kurzsichtig. Oft lohnt es sich, weiter zu denken und späteren Gewinn, Entwicklung der Persönlichkeit und Lebensfreude einzukalkulieren. Außerdem gibt es noch ein besonderes Motiv, das seinen Lohn bereits in sich trägt: Sie möchten anderen etwas geben. Bewahren Sie sich immer einen »non profit« – Bereich, selbst wenn Sie viel zu tun haben oder dringend Ihren Lebensunterhalt verdienen müssen. Es lohnt sich, auch mal ganz auf Geld zu verzichten, um andere zu unterstützen. Aber Achtung: Das sollte keine soziale Zwangshandlung sein, sondern Ihnen Freude machen. Beispielsweise bin ich Mitglied einer Jury, die jährlich für ein Buchprojekt aus einer Fülle von Kurzgeschichten die

20 besten auswählt. Ich finde es inspirierend, mit den anderen Jurymitgliedern, literarischen Fachleuten, zu diskutieren. Und es ist mir eine besondere Freude, später die Preise an diejenigen verleihen zu dürfen, die den Wettbewerb gewonnen haben. Schreiben ist eine wunderbare Sache, und ich bin glücklich, wenn ich auf diese Weise dazu ermutigen kann.

Entwickeln Sie das Gefühl, reich zu sein

Bis hierher haben wir uns damit beschäftigt, welche Grundprinzipien Ihnen helfen, zu Geld kommen. Und das ist auch gut so. Ein finanzielles Polster gibt Ihnen eine Freiheit, die Sie Ihren Wert stärker spüren lässt. Mit einer hübschen Summe im Rücken können Sie zum Beispiel wählen, was Sie tun möchten, und müssen nicht wie eine moderne Sklavin in Umständen ausharren, die Ihnen nicht bekommen.

Neulich las ich dazu in der Zeitung eine tragikomische Geschichte: Ein Lottospieler war der festen Überzeugung, er hätte sechs Richtige getippt. Umgehend tauchte er im Büro mit einer Magnumflasche Champagner auf, teilte seinem Chef unverblümt mit, was er ihm all die Jahre schon hatte sagen wollen, und kündigte auf der Stelle. Leider musste er wenig später erkennen, dass er einer falschen Angabe der Gewinnzahlen zum Opfer gefallen war. Reumütig bat er um Wiedereinstellung, aber leider vergebens.

Größere Wahlfreiheit kann Ihnen Geld gewiss geben, doch eines vermittelt Ihnen paradoxerweise auch die größte Summe nicht: das Gefühl, reich zu sein.

Der Besitzer einer bekannten Supermarktkette, einer der

reichsten Männer Deutschlands, pflegt aus Sparsamkeit bei Meetings in seinen Büroräumen die Deckenbeleuchtung so weit herunterzudimmen, dass seine Mitarbeiter fast im Dunkeln sitzen. Von einer Dame mit Millionenvermögen weiß man, dass ihre Shopping-Touren darin bestehen, in Luxusboutiquen die Verkäuferinnen herumzuhetzen und am Ende nichts zu kaufen. Eine Adlige, die in eine superreiche Familie eingeheiratet hat, verweigert ihren ärmeren Verwandten nach deren Aussage nicht nur finanzielle Unterstützung, sondern knöpft ihnen bei passender Gelegenheit auch noch ihr bisschen Geld ab.

Diese Leute sind reich, was ihre materiellen Güter anbetrifft, aber in ihrer Einstellung scheinen sie eher arme Schlucker zu sein. Ihnen gelingt es nicht, mit ihrem Reichtum angemessen großzügig umzugehen. Es sieht ganz so aus, als hätten sie Angst davor, zu verarmen, sobald sie sich oder anderen auch nur ein bisschen gönnen.

Ob Sie wirklich reich sind, entscheidet nicht Ihre Bank, sondern Ihre Einstellung. Der Autor und Unternehmer Stuart Wilde bestätigt in seinem Buch »Geld – fließende Energie«: »Überfluss ist niemals der Faktor dafür, wie viel Geld man besitzt. Überfluss ist lediglich ein Maßstab dafür, wie man sich mit dem Geld, das man besitzt, fühlt.«[54] Ob Sie sich reich genug fühlen, lässt sich leicht herausfinden. Je mehr Sie von den folgenden Aussagen bejahen, desto reicher fühlen Sie sich bereits:

- Sie sind dankbar für das, was Sie besitzen.
- Sie gönnen sich im Rahmen Ihrer Möglichkeiten Gutes und genießen es.
- Sie haben zwar Wünsche, sind aber nicht bitter oder unzufrieden, weil die sich (noch) nicht erfüllt haben.
- Sie geben für guten Service ein großzügiges Trinkgeld.

- Sie spenden häufig etwas, und sei es auch nur dem Bettler auf der Straße.
- Sie klagen nicht über Geldmangel.

Sie haben nichts oder nur wenig angekreuzt? Ist nicht so schlimm. Das Gefühl von Reichtum lässt sich nämlich lernen. Und ich verspreche Ihnen, es wird Ihnen großen Spaß machen. Wichtig ist, dass Sie dazu als Erstes diesen Glaubenssatz verinnerlichen:

Alles gehört Ihnen

Ich bin eine sehr reiche Frau. Mir gehört zum Beispiel ein wunderschöner Park mit einem kleinen Teich in der Mitte, auf dem Enten schwimmen. Morgens jogge ich dort immer. Ich habe einigen freundlichen Hundebesitzern und ein paar sportlich Aktiven erlaubt, meinen Park ebenfalls zu benutzen. Allein wäre es mir nämlich zu langweilig.

Dann wäre da noch meine kostbare Gemäldesammlung. Ich habe sie in einem repräsentativen Gebäude aus der Gründerzeit untergebracht. Meine Expressionisten liebe ich übrigens besonders. Insgesamt horte ich da Millionenwerte, aber mein Personal passt gut auf.

Ach, und nicht zu vergessen meine Bibliothek. Ich habe sie ausgelagert, weil sie mir zu Hause zu viel Platz wegnähme. Sie befindet sich jetzt in einem großen Gebäude im Zentrum der Stadt. Selbstverständlich bestellen mir meine Bibliothekare die aktuellen Bestseller.

Sollten Sie dazu Lust haben, lade ich Sie auch gerne mal auf meine Mega-Yacht ein. Wir könnten ein Stück die Elbe herunter schippern. Ich hoffe, es stört Sie nicht, dass noch ein paar andere Ausflügler mitfahren, nur für uns zwei lohnt sich die Fahrt ja nicht.

Nun, ich könnte Ihnen noch mehr Dinge aufzählen, die meinen Reichtum belegen, aber ich will nicht angeben.

Sicher haben Sie längst gemerkt, was ich Ihnen hier mit einem Augenzwinkern vermitteln möchte: Sie sind von Reichtum und Fülle umgeben. Statt sich nur als Benutzerin zu sehen, sollten Sie sich sagen: Das gehört mir! Stimmt ja tatsächlich, denn Ihre Steuern stecken in allen öffentlichen Einrichtungen. Auf diese Weise schwingen Sie sich geistig in finanzielle Höhen. Wo liegt schließlich der Unterschied zwischen Ihnen und einem Sammler, der Tausende für ein Bild ausgibt, um es dann einem Museum zu stiften? Oder einem reichen Büchernarr mit eigener Bibliothek und Ihrer Auswahl in der Öffentlichen Bücherhalle? Oder zwischen dem Fabrikantenehepaar mit Pool und Ihrem Planschen im Hallenbad? Zumindest in der Nutzung sind die Unterschiede sehr gering.

Machen Sie doch mal das Experiment. Gehen Sie einen Tag lang mit diesem Blick durch die Gegend: Es ist Ihre Bäckerei, die extra für Sie die Brötchen backt. Der Busfahrer fährt Sie exklusiv zu Ihrem Arbeitsplatz. Mittags bekommen Sie in der Kantine von Ihrem freundlichen Personal serviert. Und so weiter. Und dann schauen Sie mal am Abend, wie Sie sich in puncto Reichtum fühlen. Ich bin sicher, Sie empfinden wesentlich mehr Fülle, als wenn Sie sich muffig gesagt hätten: »Nicht mal ein Auto kann ich mir leisten, und Geld fürs Mittagessen im Restaurant habe ich auch nicht übrig.«

Das Spiel »Ich bin ja so reich« können Sie noch erweitern: Halten Sie sich in Ihrer Freizeit so oft wie möglich an noblen Orten auf. Wahrscheinlich ist Ihnen eine Nacht in der Präsidentensuite vom Hilton zu teuer, aber eine Tasse Kaffee in der eleganten Lobby können Sie sich locker leisten. Und Designerkleidung in der Nobelboutique anzuprobieren heißt noch lange nicht, sie auch zu kaufen. Auf diese Weise gewöhnen Sie sich schon mal an das Milieu.

Umgeben Sie sich mit dem Besten

Sie heben Ihr Bewusstsein für Reichtum auch, indem Sie sich lieber weniger, aber dafür Gutes gönnen und notfalls darauf sparen.

Wenn man nicht viel Geld zur Verfügung hat, sich aber trotzdem seine Wünsche erfüllen möchte, besteht leicht die Gefahr, dass man sich »Ersatzteile« kauft. Etwa so: Sie wollen unbedingt ein paar modische Stiefel. Da gibt es welche aus Kunststoff, die täuschend echt wie Leder aussehen und viel weniger kosten. Oder Sie schwärmen für Designer-Handtaschen. Die von Hermes für ein paar Tausend Euro können Sie sich nicht leisten, aber im Türkei-Urlaub kriegen Sie eine Kopie der Kellybag. Ist zwar nicht legal, aber egal. Ein Gemälde von Ihrem Lieblingsmaler Paul Klee ist natürlich jenseits Ihres Budgets, aber ein Poster geht schließlich auch.

Verstehen Sie mich bitte nicht falsch. Es ist überhaupt nichts dagegen einzuwenden, dass Sie preiswert einkaufen und sich Ihre Wünsche so gut wie möglich erfüllen. Secondhand-Läden und Flohmärkte sind eine wunderbare Fundgrube. Es ist auch vernünftig, ein T-Shirt bei H&M statt für den zwanzigfachen Preis bei Jil Sander zu kaufen. Aber Sie sollten gut überlegen, was Sie sich anschaffen. Fast jedes Mal, wenn ich zu einem Ersatz gegriffen habe, weil ich das Original zu teuer fand, war ich hinterher frustriert. So ärgere ich mich immer noch über ein Waffeleisen, das ich bei einem bekannten Kaffeeröster erworben habe. Es war zwar wesentlich preiswerter als das Modell eines renommierten Elektrokonzerns, aber dafür zeigen die Waffeln ein hell-dunkles Leopardenmuster. Das Eisen wird nämlich nicht gleichmäßig heiß. Bei »Ersatzprodukten« ist die Qualität meist schlechter. Und vor allem, Sie wissen, dass es sich um etwas weniger Gutes handelt. Jedes Mal wenn Sie dieses Teil benutzen, flüstert es Ihnen zu: »Tja, meine Liebe, du hast eben nicht genug Geld.«

Also, schaffen Sie sich lieber gleich gute Dinge an. Sie werden sich bei jedem Gebrauch darüber freuen. Etwa über die Handtücher, die viel flauschiger sind als die für den Ausverkauf produzierte Ware. Über die Lederjacke, die mit dem Tragen eine schöne Patina bekommt, im Gegensatz zur Billigjacke im gleichen Design, die im Laufe der Zeit nur schäbig aussieht. Auch die guten Dinge sprechen. Sie sagen: »Du bist uns wert.«

Vielleicht denken Sie jetzt empört: »Die Frau hat gut reden! Wenn die wüsste, mit wie wenig ich auskommen muss, würde sie mir bestimmt nicht nahelegen, mich immer mit dem Besten zu versorgen.« Doch, das würde ich trotzdem. Es geht dabei nämlich weniger um die Anschaffungen als vielmehr um eine innere Haltung.

Vor einiger Zeit kletterte ein Buch zu diesem Thema auf die oberen Plätze der Bestseller-Listen. Der Autor Alexander von Schönburg, Spross aus verarmtem Adel, schrieb »Die Kunst des stilvollen Verarmens« kurz nach seiner betriebsbedingten Kündigung als Redakteur der FAZ. Für den Familienvater mit zwei kleinen Kindern war es sicher ein Schock, kein regelmäßiges Einkommen mehr zu haben. Trotzdem macht er sich in seiner Betrachtung über den Umgang mit wenig Geld für einen ganz besonderen Luxus stark: »Ohne Geld reich werden kann man nur, wenn man alle seine Bedürfnisse darauf überprüft, ob man nicht ohne sie reicher ist.«[55] Das Geheimnis liegt darin, dass Sie herausfinden, was Sie unbedingt für Ihr Glück haben müssen – es ist garantiert sehr viel weniger, als Sie glauben – und für diese Dinge einen hohen Qualitätsmaßstab anlegen. Dabei geht es nicht um Luxus um jeden Preis. Das würde nur dazu führen, dass man das Etikett mehr schätzt als das Produkt. Vielmehr sollte man sich mit Objekten umgeben, die man dauerhaft lieben kann. Wie die Galeristin, in deren Wohnzimmer derzeit nur ein paar Sitzkissen liegen. Sie erklärt: »Die Möbel, die ich gerne hätte, kann ich mir noch nicht leisten, und Kompromisse mache ich nicht.«

Werte zeigen Ihren Wert

Gute Dinge halten länger und sehen besser aus. Aber das ist nur ein praktischer Grund, sich für sie zu entscheiden. Es gibt auch noch einen ideellen Grund: Sie unterstreichen damit ohne Worte Ihren persönlichen Wert. Jeder Gegenstand, jedes Kleidungsstück, jedes Möbel, das Sie wählen, besitzt nämlich eine Aura, es strahlt Energie aus. Das ist keineswegs die Behauptung von Esoterikern, sondern eine Tatsache, die sich sogar sichtbar nachweisen lässt, zum Beispiel mit der von dem russischen Techniker Kirlian entwickelten Hochspannungsfotografie. Physiker sprechen auch davon, dass jede Materie ihre Schwingung hat. Doch wir müssen nicht einmal die Naturwissenschaften bemühen, um zu belegen, dass die Dinge eine Ausstrahlung haben. Unsere Augen und unsere intuitive Wahrnehmung vermitteln uns das genauso deutlich. Gegenstände mit hoher Qualität haben eine hohe Ausstrahlung, minderwertige Dinge eine niedrige. Das zeigt sich übrigens schnell, wenn man beide nebeneinander sieht.

Sie treten mit den Dingen, die Sie umgeben, in eine Wechselwirkung, es findet eine Art Energieaustausch statt.

Schönes Material, gute Verarbeitung und ästhetische Formen heben Ihre eigene Energie. Und das nimmt Ihre Umgebung bewusst oder unbewusst wahr. Da höre ich schon Ihren Einspruch: »Das ist doch das Prinzip der Neureichen. Die schaffen sich alles an, was gut und teuer ist, um zu zeigen, wie wertvoll sie sind.« Stimmt genau, sogar in diesem Fall funktioniert es. Wenn die Geliebte eines russischen Multimillionärs in St. Moritz mit ihrer Platin-Kreditkarte die Nobelboutiquen plündert, dann steckt tatsächlich der gleiche Effekt dahinter. Mit dem Chanel-Kostüm, dem Brilli von Cartier oder den Schuhen von Manolo Blahnik besorgt sie sich Qualität, um die eigene Energie zu heben und ihren Wert vor anderen zu demonstrieren. Aber ich behaupte ja nicht, die Dinge würden Ihnen Wert *verleihen*, sondern Ihren Wert *unterstreichen*. Wenn Sie trotzig sagen: »Mir liegt nichts an solchen Äußerlichkeiten«, dann tun Sie sich nichts Gutes. Sie verzichten auf den täglichen Energieschub, den Ihnen schöne und gleichzeitig gute Dinge geben. Und Sie machen es Menschen, die zu Ihnen passen könnten, schwerer, Sie zu erkennen. Sie mögen ein feine, kluge, liebenswerte Frau sein, aber wenn Sie in einem billigen Fummel mit einer Handtasche aus Lederimitat am Arm auftreten, braucht es einfach länger Zeit, um das herauszufinden. Das Sprichwort »Gleich und Gleich gesellt sich gern« hat noch immer Gültigkeit. Die Dinge, mit denen Sie sich umgeben, senden die entsprechenden Signale.

Kapitel 8: Wählen Sie, was Sie haben wollen

Zum guten Schluss möchte ich Ihnen noch eine äußerst wirksame Methode vermitteln, die Ihre momentane Situation garantiert verbessert, egal wie ausweglos sie erscheint. Sie glauben, ich nehme den Mund zu voll? Warten Sie es ab! Doch erst einmal müssen wir klären, was Sie überhaupt wollen.

Schreiben Sie hier die drei wichtigsten Dinge in Stichworten auf, die Sie gerne anders hätten.

1. _____

2. _____

3. _____

Ich vermute, dass der eine oder andere Wunsch, den Sie notiert haben, mit *Menschen* zusammenhängt. Z. B.: »Mein Mann soll zärtlicher zu mir sein.« Oder: »Meine Chefin soll mich mehr anerkennen.« Oder Ihnen liegt daran, eine *Situation* zu verändern. Dann haben Sie vielleicht auf die Liste geschrieben: »Ich will wieder gesund sein.«, »Ich will eine gut bezahlte Arbeit.« Oder: »Ich wünsche mir weniger Stress.«

Bestimmt haben Sie bis jetzt nicht die Hände in den Schoß gelegt, sondern schon versucht, auf Ihre Lage Einfluss zu nehmen. Aber offenbar haben Sie es noch nicht geschafft. Und ehrlich gesagt, das wundert mich gar nicht.

Sie können niemanden verändern

Als Psychotherapeutin mit langjähriger Erfahrung auf diesem Gebiet darf ich Ihnen versichern: Es ist absolut unmöglich, einen Menschen gegen seinen inneren Widerstand zu verändern. Bestenfalls kann man ihn positiv beeinflussen, aber eben auch nur, wenn er will. Ob cholerischer Chef, übergriffige Schwiegermutter, mobbende Kollegen, chaotische Freundin, drogensüchtiger Sohn, streitsüchtige Nachbarn, geiziger Partner – Sie können niemanden zwingen, sich anders zu verhalten. Egal, wie geschickt Sie es auch anstellen.

Luise, eine Freundin von mir, kann ein Lied davon singen. Seit 20 Jahren versucht sie, ihren Kette rauchenden Ehemann von seinem Laster abzubringen: Mit Bitten (»Denk doch an mich und die Kinder.«), mit Nörgeln (»Das riecht hier wieder so eklig nach Rauch.«), mit Drohungen (abschreckende Zeitschriften-Fotos von mit Krebs befallenen Lungenflügeln), mit Laienpsychologie (»Überleg mal, woher dein Suchtverhalten kommt.«), mit Humor (Aufkleber »Rauchfreie Zone«), mit Liebesentzug (»Wenn du wie ein voller Aschenbecher schmeckst, küsse ich dich nicht.), mit guten Ratgeberbüchern (Allan Carr: »Endlich Nichtraucher«) und mit Hinweisen auf Hilfsmittel (Nikotinpflaster, Kaugummi).

Luise hat alle Register gezogen. Das Ergebnis war und ist gleich null. Ihr Mann raucht weiter – wenn auch nur auf dem Balkon und in seinem Arbeitszimmer. »Tja«, sagte Luises Hausärztin resigniert, bei der sie sich ausweinte. »Da muss eben erst ein Herzinfarkt kommen, dann geht es plötzlich.«

Sie haben kaum Einfluss auf eine Situation

Mit unangenehmen Situationen ist es oft ähnlich wie mit den Menschen. Wir müssen früher oder später einsehen, dass die eigenen Anstrengungen wenig ausrichten, weil das gewünschte Ergebnis von zu vielen unbekannten Faktoren abhängt, z. B. von der Wirtschaftslage oder einem günstigen Zufall. Wenn Sie etwa unter einer chronischen Krankheit leiden, daheim einen pflegebedürftigen Angehörigen haben, trotz intensiver Bemühungen keine Arbeit oder einen passenden Partner finden, dann haben Sie wenig Aussicht auf einen Wandel.

Nicht besonders aufmunternd, was ich Ihnen bis jetzt erzählt habe. Obwohl das vermutlich für Sie auf Grund Ihrer eigenen Erfahrung nichts Neues ist. Wir alle erleben es so. Schließlich besitzen wir keinen Zauberstab, um Menschen und Situationen zu verwandeln. Aber bevor Sie jetzt resignieren, will ich mein vollmundiges Versprechen halten und Ihnen den Ausweg zeigen. Es gibt nämlich eine sichere Möglichkeit, auf andere Art zu bekommen, was Sie brauchen, um glücklich zu sein.

Wählen macht Sie unabhängig

Über 20 Jahre lang suchte der amerikanische Psychotherapeut Gary Emery nach einer Methode, die seinen Klienten schnell und effektiv helfen könnte, ihre Probleme zu lösen. Schließlich entdeckte er sie, zusammen mit seinem Kollegen James Campbell. Über das Ergebnis war er selbst verblüfft: Anstelle von fünf Jahren brauchten manche nun nur noch fünf Sitzungen, um ihre negativen Gefühle und ihr Leben in den Griff zu kriegen. Offenbar ließ sich emotionaler Stress mit diesem neuen Ansatz wesentlich rascher bewältigen und sogar weitgehend vermeiden. Die Kernbotschaft dieser erstaunlichen Methode heißt »Wahl statt Veränderung« (»Choice versus change«). Zwischen beidem gibt es einen kleinen, aber bedeutsamen Unterschied:

- Im *Veränderungssystem* lautet der Grundsatz: Das muss sich ändern, sonst bin ich unglücklich.
- Im *Wahlsystem* lautet der Grundsatz: Ich bin dafür verantwortlich, meine Gedanken, Gefühle und Handlungen so zu wählen, dass ich glücklich bin.[56]

Bisher hatten Emerys Klienten viele Stunden damit verbracht, sich lang und breit über das zu beklagen, was in ihrem Leben nicht funktionierte. Paul z. B. litt darunter, dass ihn seine Frau ständig vor Freunden lächerlich machte. Er hatte schon alles Mögliche versucht, sie davon abzubringen: Er hatte sie gebeten, sich nicht immer vor anderen über ihn lustig zu machen. Er hatte sie angeschrien, er hatte beleidigt reagiert – ohne Erfolg. Paul war sicher, wenn seine Frau endlich ihr negatives Verhalten aufgeben würde, dann wäre seine Ehe wesentlich besser. Mit dieser Einstellung befand er sich eindeutig im Veränderungssystem, und damit in der Falle.

Emery erklärte Paul, dass er auch in dieser verfahrenen Situation die Wahl hätte, wie er sich fühlen und verhalten wollte. Dazu sollte er sich jeweils überlegen, was er sich wünschte und was er selbst – ganz allein er selbst! – tun könnte, um es zu erreichen.

In der darauffolgenden Therapiesitzung berichtete Paul strahlend: »Diesmal lief alles anders. Wir waren auf eine Party eingeladen. Ich hatte für mich gewählt, dass ich mich auf dem Fest wohlfühlen und amüsieren wollte. Es dauerte nicht lange, da machte sich meine Frau mal wieder vor Freunden über mich lustig. Ich merkte, wie die Wut in mir hochstieg. Aber ich erinnerte mich an Ihre Worte, dass ich wählen kann, wie ich mich fühlen will. Also atmete ich tief durch und sagte mir: ›Davon lässt du dir jetzt nicht die Stimmung verderben.‹ Und dann wählte ich, mich zu wehren. Ich sagte laut und deutlich zu der Gruppe, die sich mit meiner Frau über mich mokierte: ›Ich möchte jetzt das Thema wechseln.‹ Zuerst herrschte betretenes Schweigen, dann fragte mich einer, was ich denn eigentlich von dem letzten Fußballspiel unseres Vereins hielt.«

Paul hatte es geschafft, durch Wählen seine Gefühle und die Situation so zu gestalten, dass er sich wohler fühlte. Der Unterschied zu seinem früheren Veränderungssystem war, dass er jetzt alles selbst in der Hand hatte. Später wählte er übrigens, sich von seiner Frau zu trennen und sich eine Partnerin zu suchen, die ihn mehr respektierte.

Im Wahlsystem liegt das, was Sie denken, fühlen oder tun wollen, komplett bei Ihnen. Schließlich können Sie sich immer zwischen mehreren Möglichkeiten entscheiden. Angenommen, Sie erfahren, dass Ihr Partner Sie betrogen hat. Daraufhin können Sie sich traurig, wütend, gleichgültig oder angeregt fühlen. Sie können ihm verzeihen, eine Szene machen, ihn rauswerfen, selbst ausziehen, sich scheiden lassen, die Rivalin treffen, sich zurückziehen, sich ehrlich aussprechen, eine Paarberatung aufsuchen, sich rächen, ihn ebenfalls betrügen, die Kinder gegen Papa aufwiegeln, um ihn kämpfen, sich neue Kleider kaufen und zum Friseur gehen.

Sehen Sie den Unterschied? Im Veränderungssystem sind Sie auf andere Menschen angewiesen, auf das Schicksal oder einen glücklichen Zufall. Im Wahlsystem haben Sie absolut selbst in der Hand, was geschieht.

Die Frage ist nur: Nach welchen Kriterien sollen Sie denn Ihre Gedanken und Gefühle wählen und Ihre Situation neu gestalten? Bei kleinen Entscheidungen ist das sicher nicht besonders kompliziert. Sie müssen nicht lange grübeln, dass Sie sich auf einer Party amüsieren, Ihren Urlaub friedlich genießen oder mit Ihren Kindern einen gemütlichen Nachmittag verbringen wollen, und gewiss fällt Ihnen auch ein, wie Sie das hinbekommen. Aber oft geht es auch um größere Veränderungen, um andere Lebensperspektiven. Das ist dann schon eine gründliche Überlegung wert, damit Sie sich nicht automatisch etwas aussuchen, was Sie schon immer gedacht, gefühlt oder getan haben. Oder etwas, von dem Sie glauben, Sie müssten es wählen, weil es edel, hilfreich und gut ist. Hier ist der Weg:

Entwickeln Sie eine Vision

Visionen gelten nicht nur für Politiker, Künstler, Konzernbosse oder Forscher. Sie können auch ein Leitstern für Ihren Alltag sein. Wenn Sie aus einer für Sie unbefriedigenden Situation herauswollen, bringt Ihnen eine Vision weitaus mehr als ein fest umrissenes Ziel. Sie macht Sie freier und offener für günstige Gelegenheiten.

Verwechseln Sie eine Vision bitte nicht mit einem Ziel. Ein Ziel ist ein klar benennbares Ergebnis, bei dem Sie genau wissen, was Sie erreichen wollen und was Sie dafür tun müssen. Etwa: »Bis Sylvester fünf Kilo abnehmen«, »Den Führerschein machen«. Ziele bewegen sich allerdings gefährlich nahe am Veränderungssystem, denn ob Sie sie erreichen, hängt nicht allein von Ihrem Willen ab. Während Ihrer Diät wirft eine Heißhungerattacke Ihre besten Vorsätze über den Haufen. Bei der Führerscheinprüfung lässt Sie ein strenger Prüfer durchfallen, weil Sie schräg eingeparkt haben.

Visionen sind weniger eng umrissen als Ziele. Eine Vision, lateinisch »geistiges Bild«, ist eine Vorstellung, an der Sie sich großzügig orientieren. Während Sie ein Ziel mit Willenskraft anstreben, entwickelt eine Vision ihre eigene treibende Kraft und führt Sie wie von selbst zur Realisierung. Mit einer Vision müssen Sie nicht von Anfang an sämtliche Schritte kennen oder schon festlegen. Meist entwickeln sich sogar erst im Laufe der Zeit die passenden Instrumente, um sie zu verwirklichen.

Um Ihre persönliche Vision für Ihr Leben oder einen bestimmten Bereich zu erschaffen, sollten Sie sich diese Fragen beantworten:

• Was macht mich wirklich glücklich?
• Wonach sehne ich mich?
• Wovon habe ich immer geträumt?
• Was wünsche ich mir von Herzen?

Hier sind drei Visionärinnen aus meinem Umfeld:

Anne, 18, Schülerin, hat die Vision, mehr Abenteuer in ihr Leben zu bekommen. Wie sie das hinkriegen soll, ist ihr zwar noch schleierhaft, aber sie hat sich schon mal ein paar Kontaktadressen für Au-pair-Stellen aus dem Internet geholt.

Sigi, 39, arbeitet als Verkäuferin in einer Modeboutique. Sie hat die Nase voll davon, verwöhnten Ladys die neueste Kollektion in die Umkleidekabine zu tragen. Ihre Vision ist es, anderen Menschen zu helfen. Sie überlegt, ob sie mit ihrem Know-how und ihren Kontakten einen Kleiderladen von der Caritas unterstützen soll.

Elke, 47, ist Töpferin und leidet darunter, dass sie in ihrer Werkstatt so isoliert arbeitet. Sie träumt von einem Haus, in dem sie mit anderen Künstlern zusammenarbeitet und -lebt.

Und wie sieht Ihre Vision aus? Sehen Sie sich in einer glücklichen Familie? Gehen Sie mit Ihrem Traummann Hand in Hand spazieren? Sind Sie bei Ihren Mitmenschen beliebt und werden oft eingeladen? Singen, tanzen oder reden Sie vor einem begeisterten Publikum? Besuchen Sie Ihre Freundin in Ecuador? Machen Sie sich mit einem Secondhand-Laden selbständig? Nehmen Sie an einem Marathonlauf teil? Beobachten Sie Elefanten auf einer Safari? Lernen Sie Gitarrespielen?

Wie auch immer, wenn Sie Ihre Vision gefunden haben, dann gibt es ein paar Hinweise, wie Sie sie am besten formulieren.

Goldene Regeln für Ihre Vision

- **Die Vision darf nur von Ihnen abhängen.**
  Was immer Sie sich vorstellen, es muss etwas sein, was Sie aus eigener Kraft schaffen können. Beispiel: »Ich bin bei meiner Arbeit kreativ« statt: »Mein Chef gibt mir kreative Aufgaben.«
- **Formulieren Sie Ihre Vision positiv und in der Gegenwart.**
  Also nicht: »Ich hätte gerne einen Mann, der nicht so viel arbeitet.« Sondern: »Ich finde einen Partner, der Zeit für mich hat.« Die Vision sollte so klingen, als sei sie bereits Realität, dann ist sie am wirkungsvollsten.
- **Setzen Sie das Endergebnis fest, nicht den Weg dorthin.**
  Versteifen Sie sich nicht auf Personen und Ereignisse, die Ihnen das gewünschte Ergebnis bringen sollen, z. B. be-

stimmte Auftraggeber oder Kunden. Sonst tendieren Sie dazu, die Menschen zu manipulieren, oder Sie sind verzweifelt, wenn etwas, das Sie erwartet haben, nicht eintritt. Also besser: »Ich verdiene genug, um ein sorgenfreies Leben zu führen« als »Ich verdiene 80 000 Euro bei Heppenheim & Co.« »Ich heirate einen liebevollen Partner« statt »Max Müller macht mir einen Heiratsantrag.«

- **Verbinden Sie die Gegensätze.**
  Möglicherweise fürchten Sie, dass Ihre Vision nicht funktioniert, weil Ihre Wünsche einander ausschließen. Sie glauben z. B.: »Ich kann entweder eine feste Beziehung haben oder meine Freiheit genießen.« »Ich kann entweder viel Geld verdienen oder ein guter Mensch sein.« Oft sind solche Einschränkungen unberechtigt. Sie könnten beides haben, wenn Sie Ihre Vorurteile aufgäben. Ersetzen Sie Ihr strenges »Entweder – oder« einmal durch das verbindende Wörtchen »und«. »Ich kann in einer festen Beziehung leben *und* meine Freiheit behalten.« »Ich kann reich sein *und* ein guter Mensch sein.« Wenn Sie sich umschauen, werden Sie Menschen finden, die mit diesen Kombinationen leben. Warum also sollte das nicht auch Ihnen möglich sein?

So beleben Sie Ihre Vision

Mit sinnlichen Bildern können Sie Ihre Vision noch verstärken. Schließen Sie die Augen und malen Sie sich das, was Sie gerne hätten, so lebhaft wie möglich aus. Wenn Sie sich eine befriedigende Arbeit wünschen, dann stellen Sie sich vor, wie Sie in Ihrem Büro oder Atelier Ihre Lieblingstätigkeit ausüben. Wie sieht Ihre Umgebung aus? Wie sind die Mitarbeiter oder Kolleginnen? Wie verhalten sich Ihre Kunden, Ihre Auftraggeber, Ihre Vorgesetzten? Schwelgen Sie ausführlich in Ihren kühnsten Tagträumen, und machen Sie sich noch keine Gedanken darüber, wie Sie das realisieren sollen.

Anregende Verstärkung gibt Ihnen auch eine Collage. In meinem Schreibzimmer hängt eine am Aktenschrank: ein großes Blatt Papier, beklebt mit inspirierenden Bildern, die ich aus Zeitschriften geschnitten habe. Sie illustrieren meine Visionen für verschiedene Bereiche meines Lebens. Jedes Mal, wenn ich vor dem Schrank stehe, fällt mein Blick darauf. So aktiviere ich täglich auf sinnliche Art meine Vorstellung. Allerdings, wenn ich Besuch erwarte, der diesen Raum betreten könnte, nehme ich die Collage ab. Visionen sind persönlich und nicht für alle Augen bestimmt. Sie sollten es ähnlich halten, damit Sie keine langen Erklärungen abgeben müssen. Diskussionen mit anderen über Sinn und Zweck Ihrer Vision sind oft wenig fruchtbar, vor allem, wenn Sie es mit einem Pessimisten oder ausgewiesenen Rationalisten zu tun haben.

Doch die gefährlichsten Saboteure Ihrer Vision kommen gar nicht von außen, sie sitzen in Ihnen selbst: Es sind Ihre Zweifel. Unter dem Deckmantel der Vernunft tauchen sie immer wieder auf und versuchen, Ihr Wunschbild als unsinnig darzustellen.

Vorsicht, Visionen-Killer!
Zweifel kleiden sich besonders gerne in bohrende Fragen:
• »**Warum eigentlich?**«
   Die Zweifel wollen Ihnen weismachen, dass sich Ihre Anstrengung gar nicht lohnt. Zu meiner Vision, mit meinen Büchern Menschen zu helfen, ein glücklicheres Leben zu führen, klingt das etwa so: »Warum quäle ich mich eigentlich monatelang, einen guten Ratgeber zu schreiben? Es

gibt schon genug davon, und außerdem wollen die meisten Leser doch lieber locker-flockige Wunderverheißungen als eine Anleitung, die ihren persönlichen Einsatz fordert.« Wenn Ihr Traum ein eigenes Haus ist, denken Sie vielleicht: »Warum soll ich mir denn über viele Jahre die ganze Last und Verantwortung aufbürden? Zur Miete geht doch auch.«

- **»Was ist, wenn …«**
Hier kommt der Zweifel in Form von Ängsten daher. »Was ist, wenn ich meinen Job verliere und den Kredit nicht mehr abzahlen kann?« »Was ist, wenn die Beziehung nicht hält und ich alleine in der fremden Stadt sitze?« »Was ist, wenn ich den ganzen Aufwand betreibe und keiner kommt?«
- **»Wie soll das funktionieren?«**
Diese Art von Zweifel verleitet Sie dazu, sich vorab zu viele Gedanken über den Weg zu machen. »Wie sollen wir jemals eine Wohnung finden, die wir bezahlen können?« »Wie soll ich denn mit 55 noch einen Job bekommen?« »Wie soll ich es denn schaffen, bei meinem Gehalt das Geld für die Reise zusammenzukriegen?«

Sobald sich solche Zweifel bei Ihnen melden, begegnen Sie ihnen gezielt mit einem der folgenden Gegenargumente. Bringen Sie die mit Überzeugung vor, dann werden die inneren Saboteure recht schnell verstummen:

- **»Warum denn nicht?«**
Wenn Ihre Vision einem Herzenswunsch entspringt, sollten Sie sie unbedingt anstreben. Ihre Sehnsucht weist Ihnen den Weg zu dem, was Sie wirklich befriedigt. Falls Sie jetzt aus Angst oder Bequemlichkeit ausweichen, werden Sie gewiss nicht glücklich.

- »Na und?«
  Natürlich dürfen Sie nicht leichtsinnig ein Risiko eingehen. Aber wenn Sie alles Ihnen Mögliche getan haben,
  um eventuellen Fehlschlägen vorzubeugen, dann handeln
  Sie trotz Ihrer inneren Einwände. Sagen Sie sich mutig:
  »Na und? Ich tu es einfach!«
- »Irgendwie wird es schon gehen.«
  Im Rückblick bin ich immer wieder erstaunt, wie genial
  sich die Dinge fügen. So präzise und kreativ hätte ich
  manche für mich entscheidenden Ereignisse niemals pla-
  nen können. Das Leben hält mehr Überraschungen und
  gute Gelegenheiten für Sie bereit, als Sie sich träumen
  lassen. Machen Sie sich also keine Gedanken darüber, wie
  Sie Ihre Vision verwirklichen sollen. Das wird sich schon
  zur rechten Zeit finden.

Mit Ihrer Vision besitzen Sie einen Leitstern, an dem Sie
Ihre Wahl ausrichten können. Sie brauchen sich nur zu fra-
gen: Entspricht das, was ich gerade tun will, meiner Vision?
- Ja? Dann tue ich es.
- Nein? Dann lasse ich es.
- Ich weiß es nicht genau? Dann hole ich dazu noch Infor-
  mationen ein.

Auf dieser Grundlage treffen Sie jedes Mal eine sichere
Wahl. Dabei erleuchtet Ihre Vision Ihnen nicht nur den
Weg für die großen, wichtigen Schritten, sondern erhellt Ih-
nen auch die vielen kleinen im Alltag.

Werden Sie aktiv

Als Nächstes setzen Sie nun Ihre Vision in eine Handlung um, gemäß dem schönen Spruch: Es gibt nichts Gutes, außer man tut es. Weil das nicht immer ganz einfach ist, möchte ich Ihnen gerne noch ein paar Strategien an die Hand geben, mit denen es Ihnen leichter fällt.

Fangen Sie einfach an

Manche von uns möchten am liebsten erst handeln, sobald alles perfekt durchgeplant ist, möglichst noch mit schriftlicher Erfolgsgarantie. Wenn Sie auf die optimalen Gelegenheiten warten, kommen Sie nie zum Zug. Fangen Sie einfach mit dem an, was gerade am nächsten liegt. Und wenn das nicht klappt oder nicht so ist, wie Sie es sich vorstellen, dann ändern Sie eben Ihren Kurs und machen anderswo oder auf andere Art weiter. Seien Sie anfangs nicht zu anspruchsvoll. Die Hauptsache ist, dass Sie sich im Einklang mit Ihrer Vision auf dem richtigen Weg befinden.

Inga, Bibliothekarin, hatte die Vision, kreativ zu arbeiten. Die einzige Gelegenheit, die sich zunächst dazu ergab, war das Angebot eines Freundes, ihm dabei zu helfen, in einem Kaufhaus Schaufensterpuppen aufzufrischen. Zwar nicht gerade Ingas Traum, aber sie griff zu. Sie ließ sich von dem Profi zeigen, wie man das macht, und verpasste nach Feierabend den Puppen ein neues Make-up. Nachdem sie darin Routine bekommen hatte, restaurierte sie übers Wochenende eigenständig Puppen für Boutiquen. Über eine Ladenbesitzerin ergab sich der Kontakt zu einem Künstler, der Möbel so bemalte, dass sie wie antike Prunkstücke wirkten. Inga nutzte ihren Urlaub, um bei ihm ein Praktikum zu machen. Er bot ihr an, seine Assistentin zu werden. Daraufhin kündigte sie ihren Bibliotheksjob und lernte das Handwerk von der Pike auf. Das war genau das, was sie sich unter »kreativ arbeiten« vorgestellt hatte und was sich für sie gut anfühlte. Sie war an ihrem Ziel angekommen, ohne dass sie es zu Anfang schon so präzise hätte benennen können.

Geben Sie nicht auf

Auf dem Weg zur Erfüllung Ihrer Vision wird garantiert nicht alles rund laufen. Es gibt immer mal wieder Hindernisse und Rückschläge. Lassen Sie sich davon nicht entmutigen. Bekräftigen Sie Ihren Entschluss, sich durch Ablehnungen, Ängste und Zweifel nicht abhalten zu lassen. Der Blick auf Ihre Vision wird Ihnen dabei helfen. Sie wissen nicht, ob Ihnen nicht gerade diese allerletzte Anstrengung den Durchbruch bringen kann. Deshalb sollten Sie nie zu früh aufgeben.

Ich lese mit großem Vergnügen wahre Geschichten, die vermitteln, dass immer noch alles möglich ist. Zum Beispiel die Lovestory eines 90-Jährigen und einer 85-Jährigen, über die das Hamburger Abendblatt mit Foto berichtete. Nach Jahren der Einsamkeit saßen die beiden verliebt Händchen haltend auf dem Sofa. »Ich habe noch immer Herzklopfen, wenn Clara zu mir zum Kaffee kommt«, gestand der alte Herr. Das dürfte doch wohl allen Hoffnung geben, die meinen, die Vision einer glücklichen Partnerschaft müsse man sich ab 50 abschminken!

Oder diese Geschichte: Acht britische Verlage lehnten den Entwurf für eine siebenbändige Kinderbuchreihe ab, mit der eine unbekannte Autorin vorstellig wurde. Sie ließ sich nicht beirren und hatte endlich Glück: Der kleine Bloomsbury-Verlag griff zu – und landete mit »Harry Potter« einen Welterfolg, der sich bisher über 200 Millionen Mal verkaufte.

Stellen Sie sich vor, Frau Rowling hätte nach ihrem achten Versuch gesagt: »So viele Lektoren können sich nicht irren. Mein Manuskript taugt wohl doch nichts, ich erspare mir lieber weitere Blamagen.«

Mein Fazit daraus gilt auch für Sie: Egal, was Ihnen passiert – wie Sie denken, fühlen und handeln liegt allein in Ihrer Verantwortung. Wenn Sie aufhören, andere Menschen oder die Situation ändern zu wollen, sind Sie frei, das Leben zu wählen, das Sie führen möchten. Die Verantwortlichkeit für das, was dann passiert, liegt ganz bei Ihnen. Und glauben Sie mir: Sie dürfen mit kleinen und großen Wundern rechnen.

Anmerkungen

1 Anselm Grün: Selbstwert entwickeln, Ohnmacht meistern. Stuttgart 1995, S. 10

2 Kay Pollak: Durch Begegnungen wachsen. München 2007, S. 22

3 Jürg Willi: Wendepunkte im Lebenslauf. Stuttgart 2007, S. 20

4 ebd., S. 22

5 Daniel Goleman: Soziale Intelligenz. München 2006, S. 344 f.

6 Kerry Patterson, Joseph Grenny, Ron McMillan, Al Switzler: Heikle Gespräche. Wien 2006, S. 5

7 Goleman, S. 479

8 *Vanity Fair* 8/2007, S. 65

9 Studie durchgeführt von der Beratungsfirma Strategy One in Zusammenarbeit der Harvard Universität und der London School of Economics. Aus: *Brigitte* 25/2006, S. 62

10 *Hamburger Abendblatt* vom 10. 12. 2006, S. 14. Interview: »Die Krux mit dem Aussehen«

11 *Welt am Sonntag* Nr. 45 vom 5. 11. 2006, S. 82

12 *Brigitte* 25/2006, S. 72

13 *Welt am Sonntag* Nr. 4 vom 8. 1. 2007, S. 73. Hanna Daniels: »Wahre Schönheit kommt von außen«

14 *Glamour* 22/2006, S. 184

15 Goleman, S. 58

16 Robin Norwood: Wenn Frauen zu sehr lieben. Die heimliche Sucht, gebraucht zu werden. Reinbek 1986, S. 107

17 ebd., S. 112 ff.

18 Eva Wlodarek: Go. Mehr Selbstsicherheit gewinnen. Frankfurt 2002

19 Greg Behrendt, Liz Tucillo: Er steht einfach nicht auf dich. München 2006, S. 11 ff.

20 ebd., S. 17

21 ebd., S. 18

22 Eva-Maria Zurhorst: Liebe dich selbst und es ist egal, wen du heiratest. München 2004, S. 39

23 *Welt am Sonntag* Nr. 4 vom 28. 1. 2007, S. 78. Stefanie Schneider: »Liegt das Glück im Unglück?«

24 *Madame* 10/2006, S. 163. Pascal Morche: »Liebes-Tief – Kreatives Hoch«

25 *Hamburger Abendblatt* vom 26. 3. 2007

26 *Spiegel* 7/2007, S. 115

27 Bärbel Wardetzki: Kränkung am Arbeitsplatz. München 2005, S. 10

28 ebd., S. 27

29 Marie-France Hirigoyen: Die Masken der Niedertracht. München 1999, S. 11 f.

30 Lauren Weisberger: Der Teufel trägt Prada. München 2004

31 *Cosmopolitan* 4/2007, S. 170

32 *Hamburger Abendblatt* vom 30. 12. 2006/1. 1. 2007, S. 51. »Nach 18 Monaten wieder im Job«

33 Helmut Fuchs, Andreas Huber: Selfness. München 2007, S. 104 f.

34 ebd., S. 107

35 Frank Schirrmacher: Das Methusalem-Komplott. München 2005, S. 33

36 *Madame* Extraheft »Jung bleiben« 11/2006, S. 25. Wolf Reiser: »Heute ist morgen«

37 Schirrmacher, S. 54

38 *Spiegel* spezial »Jung im Kopf« 8/2006«, S. 84 f. Janko Tietz: »Unternehmen Jugendwahn«

39 Schirrmacher, S. 201

40 *Brigitte Woman* 02/2007, S. 73 ff. Interview mit Shirley MacLaine

41 *Madame* Extra-Heft »Jung bleiben«, 11/2006, S. 44

42 *Brigitte Woman* 11/2006, S. 37. Jan Jepsen: »Schöne neue Frauen-Welt?«

43 *Madame* Extraheft »Jung bleiben« 11/2006, Editorial von Katrin Riebartsch

44 ebd., S. 25

45 aus: Sven Joensen: So jung wie deine Zuversicht. Hamburg 2006, S. 3

46 *Spiegel* 12/2007, S. 152 ff. »Altern beginnt in der Wiege«

47 Micheline Rampe: Jeder will es werden, keiner will es sein. München 2006, S. 23 ff.

48 ebd., S. 29

49 ebd., S. 116 ff.

50 Schirrmacher, S. 202

51 Harald Wessbecher: Die Energie des Geldes. München 1998, S. 85

52 Brian Tracy: Das Maximum-Prinzip. Frankfurt 2003, S. 15 f.

53 Gerald M. Weinberg: Weinbergs Werkzeugkasten für Berater, Frankfurt 2004, S. 58 f.

54 Stuart Wilde: Geld – fließende Energie. München 1992, S. 9

55 Alexander von Schönburg: Die Kunst des stilvollen Verarmens, Berlin 2005, S. 26

56 Gary Emery, James Campbell: Rapid Relief from Emotional Distress. New York 1986

Eva Wlodarek
Hilf dir selbst –
die besten Rezepte gegen Frust und Krise

320 Seiten. Gebunden

Der Weg aus Frust und Krise heißt: Aktiv etwas dagegen tun.
Eva Wlodarek gibt dazu über 50 hervorragende Rezepte, um
sämtliche Lebenslagen souverän zu meistern: Entscheidungen treffen, Stress abbauen, sich aus dem Stimmungstief
holen, mit Partner und Familie klarkommen, das Alltags-
chaos und den Job bewältigen, Grenzen setzen, Sympathien
gewinnen, Träume leben. Ideal, wenn Sie Zeit und Geld für
einen Coach lieber sparen und es gezielt selbst angehen wollen.

Krüger Verlag

fi 2-2347 / 1

Eva Wlodarek
Go!
Mehr Selbstsicherheit gewinnen

Band 15547

Selbstsicherheit ist für Frauen ein großes Thema: Eva Wlodarek zeigt, wie Sie Ihr Denken, Handeln, Sprechen und
Auftreten verändern und sich gegen Angriffe und Kritik
wehren können. So werden Sie überzeugend selbstsicher
und souverän in allen Lebenslagen.

Fischer Taschenbuch Verlag

Eva Wlodarek
Spielregeln des Lebens
für mehr Glück und Erfolg
Band 15697

Sie wissen genau, was Sie wollen: reich und glücklich sein, eine harmonische Beziehung haben, Karriere machen, Freunde gewinnen, etwas Sinnvolles schaffen, ein interessantes Leben führen. Doch wie sich das erreichen lässt, ist Ihnen weniger klar?

Eva Wlodarek hat diese unverzichtbare Anleitung zum Glück geschrieben. Sobald Sie die Spielregeln konsequent anwenden, wird sich Ihr Leben positiv verändern. Sie werden weiter kommen, als Sie es sich je erträumt haben, und glücklicher und erfolgreicher sein als je zuvor.

Fischer Taschenbuch Verlag

Eva Wlodarek
Mich übersieht keiner mehr
Größere Ausstrahlung gewinnen

Band 14458

Sie wird umschrieben als »ein geheimnisvoller Zauber«, »das gewisse Etwas, das Menschen auf uns aufmerksam macht« oder als »eine Art Harmonie«. Und obwohl sie für jeden im Detail etwas anderes bedeutet, so wissen wir doch alle: Unsere positive Ausstrahlung bestimmt unser Auftreten. Mit ihr steht und fällt unsere Wirkung auf andere, sie ist damit die Voraussetzung für Erfolg in allen Bereichen des Lebens.

Doch wer ist schon richtig glücklich mit seiner Ausstrahlung? Frauen jeder Bildungsstufe, jeder Altersgruppe und jeglichen Aussehens haben Probleme. Sie zweifeln an sich selbst und an ihrer Wirkung auf andere. Sie stellen ihr Licht unter den Scheffel. Sie sind sich ihrer eigenen Wirkung nicht bewußt und reagieren mit Staunen, wenn sie ein positives oder negatives Feedback bekommen.

Die Autorin bietet das psychologische und praktische Know-how, um an der eigenen Ausstrahlung zu arbeiten. In zehn Schritten lernen Sie, Ihre persönliche Ausstrahlung zu entwickeln.

Fischer Taschenbuch Verlag

fi 1741 / 1

Eva Wlodarek

Den richtigen Mann finden

Sechs Schritte zur passenden Partnerschaft

Band 14080

Ob wir den Mann fürs Leben finden, liegt nicht an den äußeren
Umständen, sondern vielmehr an uns selbst. Haben wir möglicherweise »blinde Flecke«? Kennen wir uns nicht gut genug?
Leiden wir an einer unbewußten Zwiespältigkeit? Verlieben wir
uns immer in den Falschen, oder fehlt uns das Know-how, einen
Mann kennenzulernen? Das läßt sich ändern!
Eva Wlodareks Programm in sechs Schritten hilft Ihnen, durch
bessere Selbsterfahrung den passenden Partner zu finden. Zu jedem Schritt bietet Eva Wlodarek den Leserinnen Übungen, psychologische Informationen und Ratschläge. Ein Buch für alle, die
ernsthaft Schluß machen wollen mit dem Alleinsein!

Fischer Taschenbuch Verlag